生、死

「生《しょう》・死《じ》」の刹《せつ》那《な》を生きる

仏教〈心理臨床〉講話

大塚秀高―著

まず話しておきたいこと

現代社会と宗教

臨床仏教

最近、友人の一人から『「臨床仏教」入門』なる著書が送られてきた。帯には、「仏教の原点がここにある。仏教者が現代社会の苦悩に寄り添うことそれが臨床仏教である」とある。趣旨はわかるが、仏教に臨床という言葉は似つかわしくない。ながく心理臨床に僧侶として関わってきた私には、そう感じられる。

臨床という言葉は、本来は医学用語である。文字通り、臨床とはベッドサイドのことであり、患者の傍らに立つという意味で使用されている。心理学には、応用心理学の一分野としての臨床心理学があり、心理学的問題で苦悩する人に対して、心理学的知見に基づいて支援をするという意味で使用されている。

「臨床仏教」の意味するところは理解するとしても、内容を一覧する限り、既成仏教教団に所属する仏教者の社会活動を「臨床」という言葉を使用して総称する姿勢は理解しがたい。

既成仏教教団においては、過去にも同じような苦い失敗がある。1960年代に「仏教カウンセリング」なる用語が、もてはやされたことがあった。形骸化している既成仏教教団の活動の再生の一つとして、すなわち社会活動の理論と方法として、欧米で発展してきたカウンセリング理論と方法を活用しようとしたのである。しかしながら、導入が安易であったために、大いなる誤解を招いたのであった。

たしかに、仏教もカウンセリングも、苦悩する人々に向き合うという共通性はあろう。しかし、仏教教理に基づく実践と、心理学的知見に基づく理論と実践とでは、まったく位相が違っており、両者を短絡的に結びつけることはきわめて危険である。

それは「仏教カウンセリング」だけの問題ではない。

近年の仏教界には、ボランティアとかスピリチュアルケアとかグリーフケアといった、カタカナ文字があまりにも多く氾濫している。

ボランティアは自発的活動と理解され、現在は無償の支援活動という形で認識されているようである。しかし、被災地支援などにおいては、組織的で重厚な体制があって初めて効果が出てくることが、これまでの経験で知られている。自発性より、支援組織・体制に参加することに意義がある。そもそも、ボランティアという言葉は、志願兵という戦争用語に由来する。非戦を旨とする仏教界にあって、その言葉はなじまない。もちろん志願兵の反対語は徴兵である。

またスピリチュアルという言葉は、キリスト教の一宗派であるカトリックで使用されている言葉であり、「神の息遣い（pneuma）」という意味である。グリーフという言葉は、人の死にともなう悲しみのことであり、「重い」を意味するラテン語（gravis）に由来している。

これらのカタカナ用語は、いずれもキリスト教文化圏で発展し使用されていたことを念頭において使用しなければならない。つまり、わが国の文化や仏教教理との調整についての議論が不可欠であることは言を俟《ま》たない。

仏教教理の限界？

仏教者がこうしたカタカナ文字を多用する背景と意図は、今も昔も変わらない。カタカナ用語を多用する仏教者（筆者を含めて）に共通しているのは、仏教教理だけではさまざまな社会問題に対応ができないという、一種独特の強迫観念と閉塞感である。もう一つは、仏教者の社会に対する活動の怠慢を隠蔽《いんぺい》するずるさである。

たしかに、仏教教理だけでは対応できない現代的な問題は多い。たとえば、「脳死と臓器移植」、「万能細胞と再生医療」などなど。仏教教理からの説明や批判はなかなかに困難である。しかしながら、本質的に、人間の欲望（煩悩《ぼんのう》）の問題として取り上げることは十分可能であり、仏教教理が入り込む余地はいくらでもある。そうした議論なしに具体的な社会参加型の仏教をもって、一足飛びに仏教の原点というのはいかがなものであろうか。

また貧困・差別・偏見・虐待・いじめなどの社会問題に対する社会支援についても、自身の悟りのために、また他者（衆生《しゅじょう》）に積極的に関与する菩薩の利他行《りたぎょう》として、十分なはずである。あえて「臨床仏教」や「スピリチュアルケア」などと言わなくても、社会に通用する考えと方法である。

あるいは死別や突然死の遺族に対する支援についても、「グリーフケア」などと言わなくても、仏教的な「安心《あんじん》」の問題として実践できるはずである。それぞれの宗派の「宗意安心《しゅういあんじん》」として取り上げればこと済む問題であろう。

スピリチュアリティとカルト

最近のスピリチュアリティという用語は、一般的には宗教に代わる語、宗教を補完する語、あるいは宗教に対置させる用語として捉えられている。宗教という用語には、拘束的・排他的・教条的イメージがあるのに対して、スピリチュアリティという用語には、そうした宗教の持つ拘束性や排他性を感じさせない。むしろ柔軟かつ包摂的なイメージが中心である。

このスピリチュアリティという用語が多用される背景には、「オウム真理教事件」が色濃く反映されている。

「オウム真理教事件」後のわが国では、宗教に対する忌避や疑念が社会を支配してきた。宗教という言葉は、いわばタブーであった。さらに問題なのは、私たち既成仏教教団の主張である。「オウム真理教は、本物の仏教ではない。彼らは詐欺集団であり、寄せ集めの教理でごまかしている」と。そして決めつけるだけでなく、自分たちの宗教は正統な仏教であるという姿勢を強調したのである。

そのうえで既成仏教教団のほとんどが「オウム真理教事件」に対

して一切の論評を避けてきた。等閑視《とうかんし》を決めたのである。しかも私たちは不幸にも、教祖麻原の解脱《げだつ》の真偽を確かめる術《すべ》すら見出せないままに、今日に至っている。

こうした社会的背景と仏教界ないし宗教界が抱える現実の中で、新たに使用されたのがスピリチュアリティというカタカナ用語である。そして、今もこうした背景の中にわれわれはいる。

宗教の社会的役割

それでは宗教の社会的機能とは、すなわち社会的役割とは何であろうか。この問題はきわめて重要である。宗教界において、ようやくその議論の準備が進み始めた頃に、あの「東日本大震災」（2011年3月11日）が発生したのである。

宗教の社会的役割のなかの重要な一つは、社会の中で生じたさまざまな拮抗や抑圧から、人々を解放することである。またそれはこうも言えるだろう。宗教とは、あらゆる価値を相対化する絶対的な価値観の提示である、と。

いつの時代にあっても、その時代や体制を維持するためには、その社会を構成する規範および制度が不可欠である。しかしながら、それらの規範や制度は万全ではない。ときにはそれらが人々を苦界におとしめたり、疎外や排斥を生み出し、不平等や偏見・差別をもたらしたりする。人類の歴史は、そうしたことの繰り返しでもある。

宗教とは、まさにそうした人々の危機的事態に関与する。それが宗教の宗教たるゆえんに他ならない。宗教とは、本来的に自我を中心として成立しており、私たちの社会を徹底的に否定することから出発するところに、大いなる意義をもっているのである。

したがって、現世の苦悩の解決を来世に見出す宗教もあれば、あくまでも自己の立場をかたくなに堅持し、拠《よ》って立つ教義によって社会革命をめざす宗教もある。またそれとは反対に、現実社会と折り合いをつけようとする宗教もある。いずれの宗教においても、本来的には、反社会的かつ非社会的立場と要素を内包している。私たちの仏教も、けっして例外ではない。

宗教とは、社会的機能を有していると同時に、本来的には社会的な機能を超越しているのである。もちろん宗教と社会の問題は、単純に二分されるものではない。両者は複雑に交差して存在している。

こうした議論を忌避した形で、社会活動こそが宗教の、あるいは仏教の本来的な教化活動であると言い切ることはできない。東日本大震災という未曾有《みぞう》な事態に特化して関与することが、宗教の、あるいは仏教の教化活動の本質というわけでもないのである。

仏は大悲《だいひ》であり、かつ菩薩の願《がん》の成就を表す姿の一つでもある。それゆえに、世に菩薩の願が充満していると仏教者は観ずる。深遠なる仏教教理は、そのことを示しているのである。すなわち、仏教者自身の問題として、社会問題に日常的に関与してこそ、菩薩の利他行として花開くであろう。

はじめに

私が心理臨床に興味をもち、その世界の扉を押したのは22歳のときである。私の大学受験は悲運（今にして思えば幸運）であった。東京大学が学生運動家たちに占拠され（安田講堂事件＝１９６９年）、学生と機動隊が衝突を繰り返した年が受験の年であった。東京大学の受験は中止となり、東大志望の受験生が全国の国公立大学に志望先を変更した。私も志望先を変更した一人である。

私には3歳年上の兄がいる。兄は大学3年生であった。某国立大学の受験に失敗した私の進路は、就職か一浪して国公立大学を目指すかであったが、浪人生活は実家の経済状況から断念せざるを得なかった。不本意であったが、実家が所属する宗門立大学に進学した。進学したものの大学受験をやり直すつもりでいた私は、大学の講義にはあまり出ずに受験勉強とアルバイトをしていた。

入学した年の秋、キャンパス内の掲示板にアルバイト募集の案内があった。それは、大学内にある研究所の引越しの手伝いであった。その研究所とは、大正大学カウンセリング研究所である。アルバイトの内容は、書籍の整理と運搬であった。私は、生まれて初めて大量の洋書を目撃した。今もそのときの興奮は忘れていない。私が洋書を貪るように読んでいると、「君、その洋書は廃棄するから、ほしかったら持っていってもかまわないよ」と、女性の研究者から声がかかった。その研究者と12年後にいっしょに仕事をすることになろうとは、当時の私には思いもよらなかった。廃棄処分されるところであった洋書は、今も私の書斎の片隅にある。タイトルは『The Family』『The Unadjusted Girl』である。

そこから私の方向は決まった。この研究所の研究生になろうと決心した。そして学部卒業と同時に研究所の研究生になった。それが22歳のときである。したがって、心理臨床に興味をもったのは、19歳のときである。1年後、他大学を受験し合格したものの、父には言い出せなかった。そのことをあとで知った父からは叱られた。

僧侶になったのは、20歳のときである。当初は、僧侶になるつもりはなかった。何で僧侶になったのか、よく覚えていない。たぶん惰性のままに得度をしただけであった。受戒得度は、父の言葉に反発したからである。父の言葉は、「僧侶にならなくてもよい。寺に生まれ、仏飯《ぶっぱん》を食《は》んできたことだけは忘れないように」であった。

父とは、しばらくは売り言葉に買い言葉を繰り返したが、私は長髪の頭を下げて、「わかった、得度する」と申し出た。私の頭にバリカンを入れながら、短くなった私の頭に、父の涙がこぼれ落ちていた。そのときは、その涙の意味はわからない。20歳までの私は、毎日が父との確執であった。

私が結婚し、最初の子どもが生まれたとき、妻を見舞いに来た父が、「ようやく人の子の親になった」と、妻の母に泣きながら話したという。私は、父にとっては手を焼いた子どもであった。

最近、風呂上がりに鏡をのぞくと、鏡の中に父がいる。だんだんと父に似ていく自分がいることに複雑な気持ちになるが、最近では父の苦悩が少しだけわかってきた。

大正大学カウンセリング研究所は、1962年（昭和37年）に世界保健機関（WHO）の肝いりで設立された研究所であり、全国から大勢の研究者が関わっていた。私が研究生になった当時は、そこで研究していた先輩たちの多くが、大学教員として活躍していた。私が今日あるのは、心理臨床の第一線で活躍している先輩たちの教えと薫陶があったからである。こうして私は、研究生から研究所の相談員になり、やがて研究所の助手として研究所に奉職した。

いま私が住職をしている東京の寺院は、私の生まれ育った家ではなく、父の実家である。戦前は、信徒2万人を抱える大寺院であった。父は長男として生まれるが、不幸にして母を亡くしたことから他家の里子として育った。その後、祖父（父の父）は再婚して男の子（父の弟、次男）が生まれたため、その子が自坊の後継者になった。ところが第二次世界大戦が勃発し、父も弟も出征した。無事に復員したのは父だけであり、弟はシベリアで戦死した。父は、戦後すぐに新潟の寺院（私の実家）の住職となり、祖父は次男の復員を待ちながら、波乱の一生を終えた。こうして自坊は後継者を失ってしまった。

戦後の自坊は、東京大空襲によって、堂塔一切を焼失した。祖父は後妻の実家に疎開して不在であった。焼け落ちた境内には、戦火によって焼け出された人たちが無断で家屋を立てて住み着いてしまった。

後継者を失った自坊の関係者たちが、後継者として白羽の矢を立てたのが、こともあろう私であった。研究者を目指していた私は、寺に入るつもりはなかった。今度は、父親が頭を下げて入寺を懇願した。入寺してはみたものの、自坊は廃材を再利用した建物で、雨漏りはするは、おおよそ寺院という代物ではなかった。境内地のほとんどは戦争被災者に占有され、ドヤに等しいたたずまいが広がっていた。そのころ23歳の私は、自坊から逃げ出すことばかりを考えていた。

自坊のご本尊は、不動明王である。地域の人々は「滝野川のお不動さん」と、親しみをこめて呼んでいる。そのほかにも通称がいくつかある。「逆川のお不動さん」「虫きり不動さん」「飛鳥山のお不動さん」などである。私が30代目の住職である。

自坊は江戸中期には浅草八軒寺町に在り、真言宗智山派の総本山である智積院の直末寺院であった。1911年（明治44年）に明治通りの拡幅に伴い、今の地に移転した。

自坊から逃げ出そうとしていた私の前に立ちはだかったのは、父でも家族でもない。自坊のご本尊さまである。ご本尊さまは、私の夢枕に、たびたび現れた。あるときは火の玉、またあるときは胎蔵界大日如来の姿となって現れた。

私は、たびたび立ち現れるご本尊さまの姿に、もはや逃げられないと覚悟を決めた。しかし、檀家は一軒もない。収入もほとんどない。境内は占有され、どうにもならない現実があった。

覚悟を決めてからは、不思議なことが続いて起こった。戦前、自坊にお世話になった人の子孫から多額の寄付があり、現在の建物を新築する契機になった。不思議なことは今も続いている。法具（鈴）が突然鳴り響いたり、雷鳴のような音が堂内に響いたりする。

仏教僧として、心理臨床にかかわるなかで、その研究成果として『生と死の心理学』（阿吽社、2012年）をまとめることができたが、その新たな展開の一つとして本書を書き下ろした。その大きな動機は、現代人に忌避され、そして否定されている死を、肯定的な観点から逆照射することで、死を人生の一つの究極の「喜び」として位置づけたいという思惑に基づいている。

もう一つは、迫りくる死の恐怖と不安から救われたい、という思いが私自身にもあるからである。本書のタイトルは、『「生《しょう》・死《じ》」の刹那《せつな》を生きる』とした。「生死」という語は、一般には「せいし」とよばれ、生きることと死ぬことを表す言葉であるが、仏教では「しょうじ」と読み、生まれ死ぬことがくりかえされてとどまることがない「輪廻《りんね》」を表す。「刹那」も仏教用語で、時間の最小単位を表し、一瞬のひじょうに短い時間のことを指す。生と死はコインの表と裏のように一体であり（生死一如《しょうじいちにょ》）、分けて考えられるものではない。生の中に死があり、また死の中に生がある。

『「生・死」の刹那を生きる』とは、まさに現代人が忌み嫌う、死そのものに価値を見出そうとすることに他ならない。

近代から現代という時代の行き詰まり、すなわち時代の閉塞感は、世界を一面的に捉える姿勢に収斂《しゅうれん》される。とりわけ、宗教世界に生きるものは、いついかなる場合にあっても、その時代を支配する価値観を批判する精神を忘れてはならないだろう。そこに宗教者の宗教者たる矜持《きょうじ》がある。

目次

まず話しておきたいこと――現代社会と宗教 …… 5

はじめに …… 17

序章 …… 29

第1章 〈心〉 …… 35

1 「心」は見えるのか 36

身体言語／脳の戦略／「心」とは何か／機械論的世界観／科学的心理学への道／科学の三要素

2 「心」に色はあるのか 44

会話の中で／「心」の対象化

3 「心」の座はどこにあるのか 47

「心」の居場所／脳の進化／脳内物質／爬虫類脳との共存／脳の進化と葛藤

4 仏教と「心」 53
弘法大師空海の構想／大乗仏教運動の思想／煩悩《ぼんのう》即菩提《ぼだい》
5 即身成仏の展開 61
コスモロジー／シンボリズム／パフォーマンス
第2章 不安 67
1 「心」の豊かさと貧しさ 68
豊かさの尺度
2 不安の時代 69
現代の不安／時代の価値観を批判する精神／原発とコスト（経済問題）／技術の進歩と「改善」／科学知をとりもどす
3 不安とは何か 80
内なる恐怖感情／湧いてくる不安／環境変化と不安／悲嘆と不安
4 不安を手なずける 85
不安と向き合う

第3章　死 …… 87

1 死ぬということ　88

不安と死

2 死なねばならない存在　90

生命の連続性／種の保存とジレンマ

3 死の恐怖とは何か　93

時間が生む恐怖

4 死は悲しむことなのか　94

四苦《しく》八苦《はっく》

5 死を慈しむ心　97

生と死のドラマ／魂の存在／前項優位性

第4章　〈狂　気〉 …… 101

1 静謐《せいひつ》なる「狂気」　102

命がけの祭り／〈静謐《せいひつ》なる「狂気」〉と宗教／「狂気」のもつ意味／「狂気」への価値的意味の付与／即身成仏と〈静謐なる「狂気」〉／言語と身体の自由な往復運動

2 「狂気」の行方 111

超心理学的体験の意味／多数決による排除

3 「狂気」の復権 114

宗教の合理化を失った現代科学

第5章 私 ………… 117

1 見届けられない自身の死 118

「自分探し」をする若者たち／「便所飯」と「自己愛」

2 生も一つの苦痛である 122

「不老不死」という苦

3 すべては生かされている 125

生命のつながり／羊の宗教文化／牛の宗教文化／山川草木《さんせんそうもく》といのち／未開という誤解

第6章　超　克 ……… 133

1 他者を通して知る自分　134

宗教の存在理由

2 私は、私であって、私ではない　136

即身成仏と私／三種の自己／本来《ほんらい》清浄《しょうじょう》／十善戒

3 自利利他の世界　145

自利と利他／利他から自利へ／震災支援とボランティア

4 自利利他の基本姿勢　151

東日本大震災の記憶／帰宅難民となって／新潟大地震の記憶／生き残ったという自責の念／生かされたことを引き受ける／やなせたかしのメッセージ／救われがたき私という存在／他者を支援すること／関与と観察／他を先として

あとがき ……… 167

序章

私たちにとって、「死」とは、どのような意味をもっているのであろうか。あまりにも自明であり避けがたい事実として、誰もが一度は考えたことがある事柄であろう。また、死は誰に対しても確実にやってくる現象であり、その意味では、死をめぐるさまざまな問題は、私たち人類の永遠の命題である。そして、それは洋の東西を問わず、宗教発祥の起源といっても過言ではない。

ところで、人の死を悼んで葬儀を行った最初の人類は、2万年前に現代人の先祖であるクロマニヨン人に滅ぼされたといわれる、ネアンデルタール人であった。彼らが生活していたと思われる遺跡（イラク北部シャニダール洞窟）からは、おびただしい人骨の化石が見つかっており、とくに胸骨と思われる化石の上からは大量（約11種類）の花粉が出土している。これは、彼らが仲間の遺体に草花を手向《たむ》けたことの証と思われる。彼らの遺跡がある谷には、今も、7種類の花々が毎年のように咲いているという。

私たち人間は言葉によって世界を切り開き、言葉によって体制化した世界を生きる動物である。混沌とした（意味づけのない）世界では、けっして生きることができない存在である。当然、死そのものと死後の問題についても、言葉による意味づけを必要とする。同時に、そのことは、人間の悲劇の一つとなった。

もちろん、死の問題もその枠組みの中で捉えられているにすぎないのだが、私たち人間は、一生涯、いや死んでも、その言葉による分節《ぶんせつ》（全体の構成を保ちながら要素に分類されていくこと）から、逃れることはできない。まことさように私たち人間は、私たち自身の特殊性に左右される、やっかいな存在と言うほかない。

死は、人間にとっての恐怖の対象として最大のものである。しかし、私たちが死を恐怖するのは、どちらかといえば、死そのものというよりは、刻々と迫り来る「死への時間」に対するものである。医学では、死が迫りくるとき、意識が失われると同時に脳内麻薬が分泌されて、苦痛はないと言われている。だが、その世界は私たちには一切わからない。恐れるなと言われても、私たち凡人には理解できない。

それにしても、なぜ、私たち人間は言葉による世界の分節の上に、さらに「時間」という概念をもってしまったのか。人間という生き物は、すべてが連続している世界に耐えられなかったのであろうか。今日と明日、昼と夜、私と他人など、千変万化する自分自身と環境との関わりを、いわば連続している世界を、私たち人間にとって都合がよいように勝手に分節し捏造《ねつぞう》することで、安定した生活（言うまでもなくその生活はきわめて脆弱《ぜいじゃく》であるが）を享受しているのである。

いずれにしても、空間と時間の概念は人間だけのものであり、とりわけ時間の概念は、人間集団（社会）における世代間の在り方に大きな意味があり、世代間の混乱をなくすための一つの鍵となっている。たとえば、父と息子、父と娘、母と息子、母と娘、あるいは祖父母と孫といった世代間の関係が混乱しないための大きなルールといってもよい。それは「近親相姦のタブー」（生物学的レベルではなく社会的レベルの問題）と一致する。

たしかに、父と娘の間に生まれた子どもは、娘にとってはわが子であると同時に、きょうだいでもある。また父親にとっては、わが子であると同時に孫にあたっている。それは母と息子との間に生まれた子ども同じ関係になる。こうした事態は社会基盤を揺るがす由々しき問題であり、人間にとって、どうしても忌避しなければならなかった事情があった。

中国では古代から、一族（宗族）内での結婚が禁止されている（同宗不婚）。さらに宗族内での喪に服する（服忌）期間や過ごし方までもが細かく決められており、また、礼制として親族が細分化され、体系化されている。

精神分析学を創唱したフロイト（Freud, S.）〈敬称略・以下すべて同じ〉は、私たち人間の無意識の底に「近親相姦」のイメージが隠されていることを、誰よりも早く分析している。いわばフロイトは、動物としての人間世界の深潭《しんたん》を鋭く分析した先駆者といってよいだろう。フロイト理論が人間の「性」についてきわめて生々しいのは、そのことと深く関わっているからだといっても過言ではない。

すなわち、言葉と時間が分節した世界を、さらにその分節を加速する力の一つとして、死にまつわる問題は考えられるであろう。

空間・時間を分節し、そして人間《じんかん》を分節していくことは、言語によって人の世の物語を紡いでいくことに他ならない。その物語を読み解く一つのヒントを、以下の各章で提示できればと考えている。

ところで、生死《しょうじ》の問題については、死は悲しみの極みではなく、他方では、ある種の「喜び」として位置づける姿勢が求められる。かつて永遠に死ぬことができずに苦悩するというSF映画があって、私はそのパロディ化した内容に深く興味を持ったことがあった。もしほんとうに死ぬことができないとしたら、それは仏教発祥の大前提である根本苦悩の四苦八苦《しくはっく》とはまったく違った「苦」として、新たに取り上げられなければならない。

仮に、死を一つの「喜び」として捉えることができれば、それは他者の臓器を借りてまで生きようとする現代人のあくなき「生」への執着（欲望の肥大化）に対して、何らかのメッセージ（警鐘）を投げかけることが可能である。

上質な死は、上質な生の裏返しに他ならない。

そして、そこから、人は何のために生まれ、何をして生きるのかが、見えてくるはずである。

第1章 〈心〉

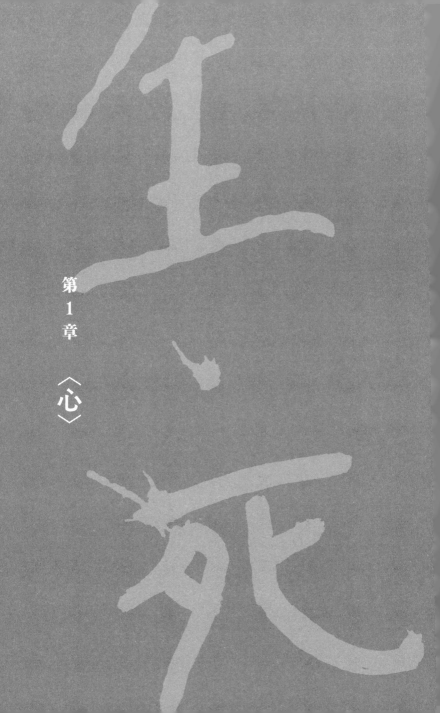

1 「心」は見えるのか

身体言語

まずは「心」について述べてみたい。いわゆる「心」とは、どのようなものであろうか。そのことをあきらかにしたいと思うが、ここでは、いちおう「心」をかっこでくくって論じたい。なぜなら、今のところ「心」そのものが明確になっていないからである。

私たちは自分の気持ちを相手に伝えたいとき、身振りをまじえながら真剣に話す。身振りのない言葉には、気持ちがこもっていない、とさえ感じることがある。そもそも言葉とはそうした宿命を持っている。言葉の未熟な子どもは一つの言葉に万感の思いをこめて一生懸命に話をする。「パパ」「ママ」といった一語文であって、その言葉はつたなくとも、とても可愛らしい。なぜなら、言葉とともに全身で豊かな表情を示しているからである。

心理学では、こうした身体的振る舞いをもつ言葉を、「身体言語」として区別している。先に述べたように、人間の世界には、言葉のない世界は存在しない。単純な言葉から複雑かつ抽象的な言葉にいたるまで、私たち人間は世界を言葉で分節《ぶんせつ》して理解する。身の回りの品々も、生活している環境も、すべて言葉によって切り取っているにすぎない。それはある種の捏造《ねつぞう》である。しかし、その捏造世界なくしては、私たちは一瞬たりとて生きることができない。私たち人間は虚構世界の中に生きている、と言われるゆえんである。

脳の戦略

生まれたばかりの新生児の脳神経細胞（シナプス）は、1歳前後に最大になるという。その後シナプスは減り続け、15歳前後に大人と同じ状態に落ち着くといわれている。つまり人間の子どもは、いかなる環境にも適応できる可能性をもって生まれてきているのであり、彼らは成長とともに不必要な能力を取捨選択的に削除していくという芸当をやってのける。その柔軟性にはただ驚くばかりである。

また、彼らはあらゆる言語を理解する柔軟性を持ってこの世に生まれ落ちてきている。日本人の赤ちゃんであっても英語や中国語をはじめ、どのような言語でも覚えることができる能力を有しているのである。人間という種は、こんなところにまで戦略をもって生まれてくるのかと、ただただ驚くばかりである。

ところで人は、胸に手を当てて（そこに「心」があるとして）、自分の思いや感情を他者に伝えようとする。しかし、残念ながら、「心」はその部位には存在せず、大脳の前頭葉に「心」の座があるということは一般的にもよく知られている（とはいえ、今のところそれもひとつの仮説にすぎない）。だからといって、頭に手を当てて、「私の気持ちは」などとは誰も言わない。胸に手を当てるのは、心臓に「心」の座があると、昔の人々が思ったからである。人が恋におちた状態を、心臓のシンボルであるハートに矢が刺さったものとして表現されるのもその一つであり、ハートが半分にちぎれた状態で失恋が示されることも、そうした経緯があるからである。

「心」とは何か

さて、それでは「心」とはいかなるものであろうか。それはあまりにも自明であると思われているゆえに、誰しもがにわかに解答することはできないであろう。

よくよく真剣に考えてみると、このテーマはじつに難題である。「心」を、具体的に論じることはきわめて難しい。

デカルト（Descartes, R.）の「二元論」以降、「心」を、実体あるものとして捉えようとする流れがあり、たしかに「心」は実際に存在しているのだが、しかし、それを見ることはできない。また、脳内の神経伝達としてつねに流動している脳神経細胞全体の働きが「心」として捉えられたとしても、それはあくまでもスキャナーによって把握された電気信号でしかない。誰しも自分の「心」を見たり、触ったりすることはできないし、存在する「心」を、どのように説明したらよいのかもわからないのである。

そもそも「心」を可視的に、そして対象として実体化（モノ化）すること、それ自体がまちがっている、と私は考えている。言うならば、このような欲望は、西洋を中心として発展した近代を代表する、自我中心の傲慢《ごうまん》さがもたらした幻想であると考える。

機械論的世界観

近代科学の世界観（自然観を含む）や人間観は、機械論的世界観と呼ばれている。その代表は、ガリレイ（Galilei, G.）、デカルト（Descartes, R.）、ベーコン（Bacon, F.）、ニュートン（Newton, I.）である。ガリレイは、実験を通して自然の中にある数学的関係を探る方法を打ち出し、それによって自然を理解しようとした。デカルトは、自然や人間を機械論そのものとして捉えており、この考えは現代までつづいている。ベーコンは、「知は力なり」という有名な言葉で知られ、すべてを分析的かつ操作的に捉えようとする。ニュートンの粒子論的機械論はよく知られるところであり、ケプラー（Kepler, J.）の天文学の数式を展開した「万有引力の法則」は、あまりにも有名である。

これらの「科学」に基づく現代心理学の研究対象は、人間の「心」であると理解している人が大半である。しかしながら現代心理学の研究対象は、「心」であっても、実際は「心」とはかなり乖離《かいり》している。

現代心理学は、厳密には行動科学である。その研究方法は、科学的方法の基準に従って実施されていることから科学的心理学ともいわれ、人間行動の普遍的法則性を追及する研究分野である。

科学的心理学への道

現代心理学が科学的心理学へとどのように発展したのか、まずはそのことについて説明しておきたい。

心理学の祖は、古代ギリシアの哲学者アリストテレス（Aristoteles）であり、心理学は、もともと哲学の一分野であった。当初は、人間の「魂」や「霊」といった対象を思弁的に論じていた。記憶の研究者として有名なエビングハウス（Ebbinghaus, H.）は、心理学の歴史について、「心理学には長い過去と短い歴史がある」と述べている。長い過去とは哲学時代の心理学のことであり、短い歴史とは科学的心理学のことである。

17世紀のルネッサンス以降、科学的な考え方がヨーロッパ世界を席巻し、研究分野を支配していく。当初はもっぱら自然科学がその中心（ガリレイとデカルトに代表される機械論的世界観）であったが、いつしか心理学も科学的な考え方を取り入れざるを得なくなる。いわゆる科学とは、科学的なものの捉え方ないしは価値観のことであり、今日の科学技術は、この科学的な考え方と道具としての技術(テクネー)が結合(科学技術)することで成立している。

ここでいう科学的方法の基準とは、①仮設→②演繹・予測→③観察・実験→④実証、という手順による研究方法であり、その蓄積によって求められる「普遍的な法則性」の発見が、科学の目的である。たとえば自然科学は、自然に存在する普遍的な法則性を追究し、社会科学は人間が創り出した社会に存在する普遍的法則性の発見をめざしている。

こうして行動科学としての現代心理学は、人間行動の「普遍的な法則性」を探求するように発展していったのである。

科学の三要素

科学が求める大きな要素は三つある。客観性、論理性、普遍性である。客観性とは、すべての事物・事象をモノとして捉えることにほかならず、いわばすべてを対象化し可視的に捉えることである。論理性とは、一つの考え方ですべてを説明することができることを指す。普遍性とは、誰がおこなっても同じ結論を導き出せること、つまり、追試が可能かどうかに他ならない。17世紀の科学革命以来、近代科学は分析的知が持つ普遍性・論理性・客観性を駆使して現代文明を主導し続けて、今日に至っている。

哲学者の中村雄二郎は、それに対して、コスモロジー・シンボリズム・パフォーマンスという三種の原理を示して、欠陥を露呈しはじめた現代文明に新たな提言を投げかけている。対象物の分析的処理を基本的性格とする「科学知」に対して、この三原理の根底をなす知は、演劇的知・パトスの知・あるいは「臨床の知」と名づけられている。この「臨床の知」は、近代社会に君臨してきたイギリスに代表される北ヨーロッパ型の知とはまったく異質であるが、イタリアやスペインという南ヨーロッパ型の知のなかにはその類型が存在するという。

この中村雄二郎の「臨床の知」を構成する三原理は、インドネシアのバリ島に残る屋外演劇からヒントを得ており、広くアジアの思想や文化を理解するのにわかりやすい基準でもある。それは固有の民族文化と融合して展開した大乗仏教にも適合する。密教学者の松長有慶は、密教が東洋的な思想と文化の特質を色濃く反映していることを指摘したうえで、中村雄二郎の「臨床の知」を構成する三原理を関連づけて論じている。

精神分析学と精神分析療法を体系化したフロイト（Freud, S.）は、「心的治療」の「心」を「プシュケー（Psyche）」という言葉で説明する（『心的治療』1905年）。プシュケーとは、もともとはギリシア語であり、ドイツ語訳にすると「魂」という意味になる。つまり、フロイトの「心的治療」とは、「魂の治療」であった。フロイトの時代においても、「心」とは何かを、特定できなかったのである。

現代心理学への発展は、「心」とは何かを問うことをひとまず置くことで、発展してきたとも言えるであろう。

2 「心」に色はあるのか

会話の中で

私たちは日頃、「今日は朝からブルー」とか、「昨日の夜はバラ色であった」などと言う。自身の「心」の状態についての内容であるのだが、私たちの「心」には、色があるのだろうか。あるとしたら、本来的な「心」の色とは、どんな色をしているのだろう。

こうしたことは、「心」の長さや重さについても言える。あの人は、とても「心」の広い人であるとか、またその反対にひじょうに「心」の狭い人、また「心」が温かい人であるなどとも言うが、私たちの「心」に面積や容量や温度があるとしたら、それは具体的にはどのようなものであろうか。じつに興味深いところである。

「心」の対象化

現代心理学が行動科学であることは、すでに述べた。一時期、心理学の研究対象として、「意識」が研究者の世界に広がった。しかし、その「意識」もまた対象化できないことから批判の矢面に立たされ、今日では研究対象から排除されている。「心」とは、どのようなものであるのか、その構造と機能について知りたいと思うのだが、科学がどれほど発展し進歩しても、「心」を特定化することはできないと思う。

それは、「心」を対象化するという目的、そのものがまちがっているからである。すべての事象を定量化しようとする方法は、科学知の大きなまちがいである。たとえば知能指数（ＩＱ）であるが、私たち人間の知的能力を画一的に捉えて数量化することに、いったいどのような意味があるのか、疑わざるをえない。しかも大きな問題は、その数値を絶対視してしまう現代人の価値観である。知的能力も個性の一つとして捉えてみれば、多少の混乱はあったとしても、それを絶対視するという価値観は生じない。

そもそも私たち人間は、他の生き物と同じく地球上生物の一種であり、生物としての人間のすばらしさは、すべてを相対的にとらえるところにある。生身の人間が生身の人間を客観的に観察して分析するということそのものに、大きな問題と限界がある。厳密に言うならば、客観化すること自体に無理があるのである。

どれほど世界が広大であったとしても、私たち人間が知りうる世界の中で、もっとも自由で広く深いものは、私たち人間の「心」ではないだろうか。外なる宇宙が地球を含んだ銀河の世界であるとすれば、人間の「心」は内なる宇宙であり、その世界は無限に広がっている。人間の臓器の中では脳が最大のものであるが、その脳の中に無限の宇宙が広がっているのであり、それを数値化して捉えようとすることは大きなまちがいである。

私たちの遺伝子は約80億個と言われているが、「心」は、その遺伝子を集約してさらに広大な宇宙を形成しており、神秘に満ちているのはあたりまえである。しかもそこには38億年にわたる、地球上生物の歴史が蓄積されているのである。

3 「心」の座はどこにあるのか

「心」の居場所

「心」とは、私たちのどこに宿っているのだろうか。「心」の座は大脳の前頭葉にあるとも言われているが、それも現在の理解（仮説）の一つであって、すべてがそこに存在しているわけではないだろう。主に運動をコントロールしているといわれる小脳に「心」の座はないのかというと、必ずしもそうとは言い切れない。大脳に何らかの障害をもった人の脳損傷の部位の機能が失われた場合、その喪失した脳の機能を他の部位が補完することがある。したがって、一口に「心」の座は「ここである」と、特定することも断定することもできないのである。

人間の「心」とは、ほんとうに捉えがたい不思議な世界である。「心」は、いろいろな姿を見せる。一つの説明が該当する場合もあれば、該当しないこともあるから複雑きわまりない。「心」については、論理的・合理的に説明することができないのである。それほど人間の「心」は複雑である。

脳の進化

アメリカのポール・マクリーン（Paul MacLean）は、人間の脳の構造と行動様式を、生物の進化の過程と動物の原始的な本能から説明することを試みて、脳の「三層構造説」を仮説として提示している。マクリーンによれば、人間の脳は、「爬《は》虫類脳→旧哺《ほ》乳類脳→新哺乳類脳」の順番で進化し、その機能を複雑化させて高度化してきたという。

ここでいうところの爬虫類脳とは、進化の過程でもっとも古い年代に発生した脳器官であり、自律神経の中枢である脳幹と大脳基底核より成っている。心拍・呼吸・血圧・体温などを調整する基本的な生命維持の機能を担っていて、爬虫類に特徴的な自分のテリトリー（なわばり意識）を発生させているという。そこでは種の保存というよりも、自己保全のための機能が中心として作用している。

旧哺乳類脳とは、爬虫類脳に次いで進化した脳の器官であり、海馬《かいば》・帯状回《たいじょうかい》・扁桃体《へんとうたい》といった大脳辺縁系から成立している。この脳の機能は、個体の生命維持と種の保存に役立つ快・不快の刺激と結びついている、本能的衝動や感情および行動につながる機能を生起させている。またそれは、危険や脅威から避難する反応や外敵を攻撃する反応といった、原始的な防衛本能を司る部位でもある。

新哺乳類脳とは、最も新しく発生した脳器官であり、大脳新皮質の両半球（右脳と左脳）から成り立っている。この脳は、言語機能・記憶や学習能力・創造的な思考能力・空間把握機能などを中心とする、高次脳機能の中枢であり、ヒトと高等哺乳類においてとくに発達した知的能力の源となっている。

マクリーンの仮説では、新哺乳類脳は、最も高次の階層構造として高度で複雑な情報処理をおこなう部位とされているが、大脳新皮質単独で高度かつ複雑な情報処理をおこなうことは無理であり、大脳辺縁系（旧哺乳類脳）・脳幹（爬虫類脳）・小脳などと相補的に協調し連動しながら、高次な精神機能を司っているという。

脳内物質

私たちの幸福と苦悩と関連する「情動の中枢」である「大脳辺縁系」で作用しているという神経伝達物質については、研究がかなり進んでいる。しかし、脳内化学物質のみによって人間の感情の生起・維持・変容・消滅を説明することには、かなり無理があると言われており、人間の「心」とはそれほどまでに複雑であることを裏づけている。

今のところ、興奮・歓喜・陶酔・恍惚などの強い情動作用をもたらす脳内物質としては、フェニルエチルアミンが知られている。また興奮・興味関心の促進・気分の高揚・意欲などの情動作用をもたらす脳内物質としては、ノルアドレナリン、ドーパミン、セロトニンなどが発見されている。そして情緒安定・落ち着き・安らぎ・信頼と安心などの情動作用をもたらす脳内物質としては、エンドルフィン、セロトニンなどが知られている。

爬虫類脳との共存

爬虫類脳に代表される人間の原始脳は、視床下部・視床・脳幹などからなり、自律神経やホルモン分泌によって生体維持（ホメオスタシス）を自動的におこない、自己防衛の攻撃性や種の保存のための欲求を発現している。また、いわゆる思考などの働きを担う大脳新皮質とは大脳辺縁系を隔てているため、新皮質からのコントロールが及びにくいといわれている。

したがって、原始脳は、思考や意識などの制御によって調整されることはなく、生理的な欲求という形で表にあらわれる。また構造的には辺縁系に近いために、感情の影響を受けやすいともいわれている。

脳の進化と葛藤

地球上に生命が誕生して38億年、人類が誕生してから約700万年になるが、その間、人類はいろいろな発明をしてきた。石器・火といった原始的な道具から、芸術（アート）という精神的感性も手に入れ、やがて近代科学へと、その歩みを進めてきた。すなわち、文明と文化を産み出したのである。

文明とは、自然界に存在しない物質や道具を生み出すこと、また生み出されたもののことであり、エジプト文明のパピルス（紙）・インダス文明の青銅器・メソポタミア文明の象形文字・黄河文明の紙と火薬と磁石などが、それにあたる。

文化とは、その時代と社会を支配している価値観のことであり、現代という時代の価値観は、いうまでもなく科学的価値観である。しかも、そこには経済的効率性が付加されている。

私たち人間の脳の劇的な進化は、「火」の獲得に始まる。また人は、火を扱うようになって、言葉を獲得したともいわれている。火を使用した食生活の変化（食材の煮炊き）は、人間の顎《あご》の筋肉を退化させ、そのぶん脳を大きくさせることになった。そして人は、脳の拡大によって「言葉」を獲得し、この言葉が脳との相互作用によってお互いをさらに進化させていった。

そして、抽象的な概念や、言葉では複雑すぎて相手に伝達されにくい考えなどを、的確に相手に伝えることができる能力、すなわちビジュアルメモリを獲得していったのである。それはおおよそ3万5000年前、われわれ現代人の先祖であるクロマニヨン人が獲得したこの能力によって、人間は文字や地図を獲得し、情報を間接的に伝えることができるようになったのである。

また、人として生活するためには、本能のままではいられない。先に述べた爬虫類脳を哺乳類脳が抑え込むためには、ある種の装置が必要になってくる。人間の暴走を抑える「理性」というルールを、その後、人間は完成させることになる。このツールないしルールは、広く世界に浸透していった。しかし、一時的には爬虫類脳を抑えることに成功したかにみえるが、抑えつけられた爬虫類脳と哺乳類脳との間には大きな摩擦（軋轢《あつれき》）が生じていったのである。それがストレスの正体といってもまちがいではない。

4 仏教と「心」

弘法大師空海の構想

今から約1200年前、こうした人間の「心」の在り様を論じた仏教者が存在する。平安時代に真言宗を開いた、弘法大師空海である。彼は、修行者がさとりの境地に到達するまでを10の段階に区分して論じている。著書『秘密曼荼羅十住心論《ひみつまんだらじゅうじゅうしんろん》』に述べられている、その概要は、次のとおりである。

一には、異生羝羊住心《いしょうていようじゅうしん》。

牡羊のように、ただ性欲と食欲に迷わされている人のこと。牡羊は精力絶倫といわれ、一晩に500頭の牝羊と交尾するといわれているところから、比喩として名づけられている。

二には、愚童持斎《ぐどうじさい》住心。

愚童とは愚かな見方をする人のこと。持斎とは自分から節食して他の人々に施すという意味。愚かな心にやや善なる思いやりの心が現れつつあることを言っている。

三には、嬰童無畏《ようどうむい》住心。

嬰童とは、幼い子どものこと。無畏とは、煩悩《ぼんのう》の束縛から離れて畏《おそ》れがないことをいう。幼児が母の懐《ふところ》に抱かれて安心している状態のことであり、具体的には、天界に生まれることを願って現世で宗教的実践をおこなう人が、いっときの安らぎを得る心の状態を指している。

四には、唯蘊無我《ゆいうんむが》住心。

唯蘊とは、すべての存在を構成する要素のことで、その要素は五つ（色・受・

想・行・識）。無我心とは、五要素のみが実在するだけで、個々別々の存在には実体がないという心のこと。つまり、自我の存在を否定することである。

五には、抜業因種《ばつごういんじゅ》住心。

抜業因種とは、人間の苦しみ・悩みがいかにして成立しているかの構造のこと。具体的には、十二因縁観によって人間のあり方を深く観察することである。生死《しょうじ》とは、四つの元素（地・水・火・風）と、人間を構成する五つの要素（色・受・想・行・識）による無常の姿を見つめて、根本的な無知の世界から離れることを示している。

六には、他縁大乗《たえんだいじょう》住心。

他縁大乗心の修行と、それによって得られたさとりの境界があり、一切《いっさい》の衆生《しゅじょう》に対して大いなる慈悲の心を起こすことをいう。これは奈良仏教を代表する法相《ほっそう》宗《しゅう》の教えを示している。

七には、覚心不生《かくしんふしょう》住心。

大乗仏教の二大潮流の一つの流れに中観派があり、中国仏教では、三論宗《さんろんしゅう》に相当し、その論に基づく「空観《くうかん》」の実際を説いている。具体的には、あらゆる存在を否定して、迷いを断ち、空観によって心の安らぎを得るというものである。

八には、一道無為住心《いちどうむい》。

この段階の心は、如実知自心《にょじつちじ》ともいう。第七の覚心不生住心によって空《くう》の世界を超越すると、あるがままの絶対真実の世界があらわれてくる。それが一道無為住心である。すなわち、主観も客観もともに合一して、本来、心の本性は清浄であるとさとることを示している。

九には、極無自性住心《ごくむじしょう》。

華厳経《けごんきょう》の世界は、縁起観《えんぎかん》の集大成であり、第八住心までの段階とは明らかに違う。しかし次の最終段階である、第十・秘密荘厳《ひみつそうごん》住心から捉えると、まだ初段階の心の世界である。すなわち、水はもともと定まった本性があるわけではなく、それは風によって波が立っているからである。

十には、秘密荘厳《ひみつそうごん》住心。

密教以外の仏教はただ塵《ちり》を払うだけであるが、密教は秘密の扉を開く方法を教えるものである。すなわち、さとりとは、ありのままに自らの心を知るということだという。

さとりの境地に至るための第一は、「異生羝羊住心」という段階である。この状態の人は、もっぱら殺生《せっしょう》や盗み等の悪行《あくぎょう》をなし、欲望にまみれ耽《ひた》っている状態で、さとりの境地にほど遠いどころか、人として最低の人ともいえよう。しかしながら、この第一段階がなければ、最終段階のさとりの境地である「秘密荘厳住心」には、とうていたどりつくことができない、と弘法大師空海は言う。そこに空海思想の最大の特徴がある。

「仏は、いずくにあるや心中にしてすなわち近し」、「地獄はいずくにあるや汝自《なんじ》身の中に見ん」と、空海は述べている（『弘法大師著作全集第一巻』232頁、山喜房佛書林）。すべては、自身の広大無辺な「心」の内に、仏の世界があることを自覚することが肝要である、と教えているのである。

弘法大師空海の思想は、さまざまな考えを総合的に、体系的に捉えているところに傑出した特徴があり、日本仏教の各宗祖師の中でも異彩を放っている。その後、空海思想は、日本古来よりの土着の宗教や思想をも取り込んで、ますます発展していくことになる。日本仏教のなかで、このような発展をしたのは、密教だけではないだろうか。

大乗仏教運動の思想

そもそも仏とはなんであろう。

仏のあり方について、仏教では仏身論という。この仏身論の展開として「三身説」が説かれている。

三身説とは、仏の存在の仕方に三つあるという考えであり、教えである。すなわち、「法身《ほっしん》・報身《ほうじん》・応身《おうじん》」の三種である。

こうした考え方が、大乗仏教の運動の中にたびたび出てくる。お釈迦さまは、王子としての生活を捨てて出家し、やがて苦行の末にさとりを開いて、その後は、教化活動に一生を捧げて入定《にゅうじょう》する（仏となって瞑想する）。この生涯の中で、修行して、仏になったというのが「報身」である。そして、そのさとりを開いた存在が「法身」であり、人々に向って法を説いて歩いたのが「応身」である。

大乗仏教運動には、大きく二つの考えが存在する。

一つは、すべての人は、平等に仏になる可能性を秘めている（お釈迦さまも出家する前は、釈迦族の王子ではあるものの普通の人である）という考えである。これを「仏性《ぶっしょう》」という。さきに述べたように、弘法大師空海は「仏はいずくにあるや、汝自身の中に見ん」と、すべての人が「仏性」を備えていることを明確に示している。もう一つの考えは、「応身」である。いろいろな仏が出現して、私たちを救済するという考えである。つまり菩薩が衆生《しゅじょう》（すべての生きとし生ける存在）を救済するという誓いを立てるというものである。

『新訳仏教聖典』（新訳仏教聖典普及会、1931年）によれば、法蔵菩薩は、48の誓願《せいがん》を立てて、すべての人々を救済するという使命を抱いている。これまで静かに禅定《ぜんじょう》（瞑想状態）にあった仏と、その直弟子たちが動き出して、誓願を立てて私たちを救って下さるという考え方が出現するのである。そこには衆生の要請に応えてきた仏教の歴史が色濃く反映されている。そうでなければ東の果てにある日本まで仏教は広がらなかったであろうし、人々に支持もされなかったであろう。

仏教、とくに大乗仏教では、この「法身・報身・応身」の三身説は最も重要な事柄とされ、日本仏教の各宗派も、「法・報・応」の三身説を基礎として仏を説いている。多くの人間の苦悩が救済されるためには、多くの菩薩が要請され、衆生一人ひとりにそれぞれの菩薩が現れて、その菩薩の誓願が一人ひとりに向けられているのである。

浄土真宗の開祖である親鸞聖人は、「阿弥陀仏の本願は、すべて親鸞一人のため」と述べている。この言葉は、菩薩の誓願を真摯《しんし》に強烈に受けとめていると私は考える。救われがたき罪悪深重の凡夫《ぼんぷ》（煩悩《ぼんのう》のままに生きる人）の罪深さを表出したものといわれるが、これこそ、人間の罪を一身に受け止めようとする、親鸞の覚悟と読めないだろうか。

煩悩《ぼんのう》即菩提《ぼだい》

弘法大師空海の『秘密曼荼羅十住心論』に説かれている「異生羝羊住心《いしょうていようじゅうしん》」から「秘密荘厳住心《そうごんじゅうしん》」への回心《かいしん》（心の転換）は、私の存在を確保する煩悩（むさぼりの心・いかりの心・おろかな心）の大転換である。煩悩がなければ、人間は今日の豊かな世界を手に入れることはできなかったであろうが、その煩悩を転じて菩提（さとりの境地。さとりの智慧）にいきつくことができるのか、それは私たち仏教者にとってきわめて重要なテーマでもある。

仏教者の修行は、まさにそのためにある。私たちは、いかにしたら自分自身に「仏性」を広げることができるのか、そこにすべてがあるといっても過言ではない。そのことを心に深くとどめる必要がある。

仏教者、とりわけ真言行者の苦悩の本質は、弘法大師空海が教える「即身成仏《そくしんじょうぶつ》思想」（人が現世において仏になりうるというもの）の実践として、自分自身は本来的には仏であるという自覚を持っていても、その日常行動は仏といかにかけ離れているのか、そして、それはなぜそうなるのか、というところにある。そのことに、くりかえし苦しむのだが、この苦しみの実践なくしては、空海の思想にはとうてい到達できない。

換言すれば、苦しんでこそ自身の在り方を深く自覚するのであり、その苦悩こそが、さとりに近づく初めの一歩といえるだろう。苦しむことは救いへの一里塚であり、そこに真言行者の矜持《きょうじ》がある。

5　即身成仏の展開

「臨床の知」（43頁参照）の三原理（コスモロジー・シンボリズム・パフォーマンス）と仏教との関連性について、ふたたび触れてみたい。

コスモロジー

まずはコスモロジーについて、近代科学は対象物をそれぞれ別の存在として捉えて、いずれも無機質としてみる。それに対して仏教では、動植物さらには宇宙に存在する一切のものが、いずれも互いに密接な関係性をもって存在するという。このコスモロジーの思想は、生命の問題を論じるのに適切な素材である。

マクロコスモス（大宇宙＝宇宙そのもの）のブラフマン（梵《ぼん》）と、ミクロコスモス（小宇宙＝人間のこと）としてのアートマン（我《が》）が本来一体であるという「梵我《ぼんが》一如《いちにょ》」の思想は、古代インドのバラモンの宗教から、現在のヒンドゥー教に至るまで、インド文化の基底に横たわっていると、松長有慶は指摘する。さらに『華厳経』に説かれる「重々帝網《じゅうじゅうたいもう》」（帝釈天《たいしゃくてん》の住む宮殿を飾る網がキラキラと輝き、宇宙全体に広がっている様）の思想は、あらゆる存在が相互に不可分の関係性を持ちながら存在することを指摘し、弘法大師空海の六大思想は、このコスモロジー思想を的確に理論化していると強調している（空海の著『即身成仏儀』には、「重々帝網なるを即身と名づく」とある）。

六大思想とは、地・水・火・風・空という五種の物質的な原理（五大）と、識

〈心〉という精神的な原理（識大）とは対立するものではなく、本来は「即」の関係をもって、一体化した存在であるというものである。つまり物と心が互いに不可分に融合しあっていて、人も仏も動植物から無生物に至るまで、同じ一つの生命を共有しあっているとみなすのである。

仏と人間がともに六大（地・水・火・風・空、および識）よりなるという理論を前提として、人が現世において仏になりうるという、空海の「即身成仏」の思想は成り立っている。

そのために真言行者は、手に印契《いんげい》（印相《いんぞう》・仏さまの手の形）を結び、口に真言《しんごん》（マントラ）を唱え、心を一点に集中する三摩地《さんまち》（三昧《さんまい》・サマーディ）に住する三密《さんみつ》瑜伽《ゆが》（身《しん》・口《く》・意《い》）の行《ぎょう》を必要としている。この印契はたんに形をまねるジェスチャーではなく、それはマクロコスモスの凝縮形であり、真言はたんなる思想伝達の手段としての言葉でなく、本源的な言葉がそこに集約されており、それによって現象世界を動かすことが可能となることを、松長有慶は指摘している。

シンボリズム

次に、シンボリズムとは、ものごとを多義的に捉え、表す立場であるという。「科学の知」は、対象となるものに一方向から光をあて、特定の価値観に基づいて、その優劣を評価するが、それに対してシンボリズムは、対象そのものを多角的に照射して、その中にある隠された価値を掘り起こすものである。

大乗仏教はもともと、ものごとの理解に、浅略釈《せんりゃくしゃく》と深秘釈《じんぴしゃく》の区別を立てており、前者は表面的・一義的な把握であるのに対し、後者は本質的・多義的な理解を指している、と松長はいう。弘法大師空海の『般若心経秘鍵《はんにゃしんぎょうひけん》』の「一字に千里を含む」といわれるマントラ（真言）もまた、本来的に多義性を有しており、それは曼荼羅も然《しか》りであると松長は重ねて指摘する。つまり、曼荼羅は、単なる絵画ではなく、その中に三次元ないし四次元の象徴を秘めて描かれているという。

パフォーマンス

「臨床の知」としてのパフォーマンスは、たんに身体を動かして何かを表現することにとどまらない。密教の理論も象徴的な体系も、三密瑜伽行《さんみつゆかぎょう》（修行者の三密と仏の三密が呼応、融合すること）という実践を通じてはじめて身体化されるのだと、松長は指摘する。そして、この三密瑜伽行の根底には三力《さんりき》という思想があるのだという。

三力とは、自分自身の功徳《くどく》の力と、如来の加持《かじ》の力と、法界《ほっかい》（あらゆる仏の世界）の力を指しており、自分自身の働きに応じて、仏より手が差し伸べられ、それに宇宙から波及する力が加わって、自己本来の姿を見つけ出し、仏としての自覚が備わってくると説いている（以我功徳力、如来加持力、及以法界力、普供養而住）。まさに、そのことから自己の内面の仏さまが現成《げんじょう》する（おのずとして生じる）のである。

松長有慶は、中村雄二郎の「臨床の知」の三原理は、大乗仏教の中でも、とりわけ密教の思想と最も合致しており、難解といわれる密教思想を現代思想の中で捉え理解するうえで、きわめて適切な示唆を与えていると指摘する。そのことは、拙著『生と死の心理学』（阿吽社、2011年）でたびたび採り上げて論じているところでもある。

第2章

不安

1 「心」の豊かさと貧しさ

豊かさの尺度

「あの人は心が豊かで」とか、「あの人は心の貧しい人だ」といった表現が日常的に使われている。しかし、人の「心」の豊かさ・貧しさとは、どのような事柄を指していうのだろうか。はたして人間の「心」に、豊かさや貧しさがあるのだろうか。しばしば考えさせられる。また、「心」の豊かさと、「心」の広さとは、同じ意味をもっているのであろうか。それともまったく違う次元を指しているのであろうか。ひじょうに興味深いところである。

「心」の豊かさとは、一つの価値にとらわれない「心」の在り様をさしているのかもしれない。言いかえれば、新鮮にして柔軟な心の状態ではないかと思う。何でもかんでも相手の要求を受け入れて、相手の言いなりになってしまうことではない。こうした柔軟な姿勢は、心理臨床の世界でもしばしば求められることがある。

2　不安の時代

現代の不安

さて、現代は不安の時代であると言われるが、そもそも、不安のない時代などはないだろう。それなのに、ことさらに不安の時代として取り上げられるのは、予測できない突発的事態が、私たちの身の回りにあまりにも多く起きているからである。私たちの日常世界には、交通事故をはじめとする不慮の事故や、放火や殺人などの凶悪事件といった予期せぬ出来事が起こり、それこそ毎日のように新聞紙面をにぎわしている。親が子どもを殺害し、逆に子どもが親を殺害するなど、かつては考えられなかったであろう事件も起こっている。

人を殺してみたいという動機から、青少年が起こした事件が相次いでいる。東京秋葉原の歩行者天国にトラックで突っ込み無差別につぎつぎと人を刺してしまうという事件、佐世保市の女子高校生や名古屋市の女子大学生が身近な人を殺害した事件などは、記憶に新しい。あるいは息子や娘や孫を名乗って高齢者からお金を巻き上げるという「振り込め詐欺」や、一人で歩いている女性のハンドバックを背後からすれ違いざまに持ち去るといった「ひったくり」も、年々増加傾向にある。ただ遊ぶ金ほしさに若い女性を襲って殺してしまうという事件も最近あったが、犯人は十代の二人組の少年であった。あるいは、悪口をネット上に書き込まれたという理由だけで友人を集団で暴行して殺害し、遺体を山林に捨てるという事件も起こっている。

東日本大震災後の社会は、人々の不安をことさらに強くしてしまった。問題は、あの自然災害を「想定外であった」と、平然と言い切った科学者が何人もいたことである。そもそも自然災害は、想定できる問題ではないのだが、この発言は、現代人の、いや現代に生きる科学者の本質を露呈するものと言っていいだろう。私は、この発言を聞いたとき、とうとうここまで来てしまったのかという暗澹《あんたん》たる気持ちになった。生命科学者の中村桂子も講演会で同じようなことを述べている。

くりかえすが、自然災害とは人間が想定できる現象ではない。現代科学の敗北は、いまだに「福島第一原子力発電所」の瓦礫《がれき》の処分と放射線を放出する核燃料棒の取り出しができないことである。また、わが国のロボット技術は世界の最先端技術を持つといいながら、「福島第一原子力発電所」の瓦礫処理ができるロボットが存在しないことに、中村桂子は驚いたという。

科学と科学技術は、私たち人間がよりよく生きるための知識であり、技術のはずである。その科学技術が、いつのまにか私たちに牙をむき始めている。科学的な価値観は、生活者の目的とは逆行して、「ただ知りたい」「やってみたい」という一面的な目的に支配されてしまった。そこに、大きな落とし穴がある。その傾向は、ますます強くなっているように思えてならない。すなわち、知識そのものが自己目的化しているのである。

いわゆる「科学知」は、一人の人間においては、相矛盾している事柄であっても、そのことに「痛み」や「矛盾」をさほど感じることがない。科学は、一歩まちがうと取り返しがつかないほどの危険性をはらんでいるのだが、それにもかかわらず私たちは、その価値観と技術に依存しきっていて、羊のように従順に科学知と科学技術に服従してしまっている。しかも、日本人は、広島・長崎の原爆と東日本大震災による「福島第一原子力発電所」のメルトダウンという事態を体験していにもかかわらず、これまで以上に原子力発電による「生産性」と「利益性」を最優先する欲望に支配されている。

時代の価値観を批判する精神

宗教の宗教たるゆえんは、いつの時代でも、その時代の価値観を批判する精神を持ち合わせていることにある。

仏教の立場から、近代以降の科学的価値観の是非については、仏教教理に基づいた批判が求められ、科学技術に対しては欲望の問題として批判的に論じることが求められる。

たとえば、他人の臓器を移植してでも生きたいという臓器移植問題に対する、仏教の立場は明確である。それらすべての事象は「曼荼羅世界」の中で生じているからと、木に竹を接《つ》ぐかのごとき発言はナンセンスというほかない。その発言姿勢は、弘法大師空海の思想を、近代文明の補完として捉えようとする安易な姿勢でしかない。

原発とコスト（経済問題）

わが国は、「原子力発電」に依存しなければ日常生活が成り立たないほどの、電力消費社会なのだろうか。いや、そうではない。それが証拠に、現在、すべての原子力発電が停止している状態であっても、電力不足に陥ってはいないではないか。東日本大震災後のわが国の電力事情は、むしろ余剰電力状態となっている。それにもかかわらず産業界は、「生産性」とそれに伴う「利益」を維持するために、ぜひとも大量の電力が必要であり、当分は「原子力発電」に依存せざるを得ないとして、原発の再稼動に今も圧力をかけ続けている。

しかしである。科学知からすれば、「原子力発電」は、その生産コスト面からも矛盾している。少なくとも、使用済み核燃料の最終処分の費用まで入れて電力生産コストを試算するならば、他の電力生産のコストより、原子力発電のコストは格段に高くなる。「原子力発電」を推進する側の論理は、きわめて非論理的であり、その根拠はことごとく破綻《はたん》している。百歩譲って、「生産性」とそれに伴う「利益維持」という価値観から再度試算し直しても、「原子力発電」を推進しなければならない理由はどこにもない。しかしわが国は、国を挙げて「原子力発電技術と施設」を他国に輸出しようとしている。その姿勢には驚きを通り越して呆れるばかりである。彼らの主張と根拠は、私にはまったく理解できない。

今こそ、私たちはこれまでの生き方（原子力発電を含めて）を、改めるときである。その姿勢なくしては、福島第一原発のメルトダウンによって故郷に戻ることができない人々の具体的な支援の在り方は、絵に描いた餅でしかない。福島県と県民から、「福島は東京の犠牲になっている」と指摘されても、反論できない。

私たち仏教者がどの立場に立つかは、明白である。

技術の進歩と「改善」

一方、科学技術はこれからも進歩する（だから、いずれ解決する）、という意見もある。使用済み核燃料の最終処分場を持っているのはフィンランドだけであり、日本を含めた他の国も未定である。高レベル廃棄物の放射能レベルが普通状態に戻るのに10万年かかるといわれているが、それをプルサーマルで燃やすと８００年に短縮されるという。それを次世代型高速増殖炉で燃やすと３００年に短縮され、同時に高レベル廃棄物の量も7分の１に減少されるという。わが国の高速増殖炉「もんじゅ」は、過去にナトリウム漏れ事故を起こしており、現在は運転中止の状態である。誰がそのような名前を考えてつけたかはわからないが、仏教者の一人として、高速増殖炉に仏さまの名前をつけることには抵抗を感じる。

原子力発電の推進論者の中で、「科学は進歩する」という意見を持っている人はかなりの数に上るが、今のところその推進論には大きな疑問をはさまざるをえない。一方、核廃棄物の最終処分場がないから原子力発電は反対であるという意見にも、問題がないとはいえない。しかし、科学技術の進歩そのものはきわめて未知数であり、今のところは支持するレベルではない。したがって、原子力発電再稼働には反対せざるをえない。なぜなら、震災から4年を迎えようとしているのに、未だに福島第一原子力発電の廃炉のゆくえすらままならない事態だからである。

科学知をとりもどす

最近、『科学者が人間であること』という不思議なタイトルの本を読んだ。著者は先に紹介した生命科学者の中村桂子である。科学者が人間であることとは、どういうことなのか。本の帯には、大震災を経てなお変われぬ日本へ――大森荘厳、宮沢賢治、南方熊楠らにまなびつつ〈自然〉〈生命〉から近代科学文明を問い直す、とある。そして本文の結びには、次のようなくだりがある。

あの大きな災害から二年半を経過した今、科学者が変わったようには見えません。（中略）それどころか「経済成長が重要でありそれを支える科学技術を振興する」という亡霊のような言葉が飛び交っています。ここには人間はいません。（中略）私たちって人間なんですというあたりまえのことに眼を向けない専門家によって動かされていく社会がまた始まっているとしたら、やはり「科学者が人間であること」という、あたりまえすぎることを言わなければならないと思うのです。

私も同じような気持ちである。彼女の指摘はしごくあたりまえのことである。宮沢賢治は童話作家として、また法華経《ほけきょう》信奉者としてもよく知られている。南方熊楠は、粘菌の研究者として世界的に知られており、仏教の思想に造詣が深かった。ただ、哲学者大森荘厳の名前は初めて知った。

中村桂子は、生活者として、思想家としての科学者という立場から、近代科学を推進したガリレイ、ベーコン、デカルト、ニュートンの特徴を分析し、近代科学の問題点をあぶり出している。近代科学の問題は、世界（自然を含めて）を数値化することだと指摘し、とくに大きな問題は、その世界の数値化による世界の「死物化」であると論じている。

ここでいう「死物化」とは、大森荘厳の言葉である。中村桂子は、大森荘厳の『知の構築とその呪縛』の一文を引用して、ガリレイとデカルトの犯した誤りは、「客観的事物にはただ幾何学的・運動的性質のみがあり、色・匂い・音・手触り、といった感覚的性質は人間の主観的印象に属する」としたことを採り上げ、それによって自然を「死物化」したという大森荘厳の考えを大きく支持している。そのうえで、科学そのものを否定するのではなくして、日常と併存する科学の必要性を論じている。

「日常と併存する科学」とは、科学が明らかにしてきた知は放棄しないことだと中村桂子はいう。しかしそれと同時に、二元論に基づく「科学」ではなくして、痛みや美しさを感じ、自然と素直に向き合う日常的世界を失わない科学を目指すことであり、端的には、ありのままの自然を人間の感性でとらえていくことだという。そして、その具体的な取り組みが「重ね描き」という方法であると論じている。

「重ね描き」とは、「略画的」世界と「密画的」世界を重ねるという方法である。この考えは、大森荘厳のものである。日常生活で、自分自身が目で物を見、耳で音を聞き、手で触れ、そして舌で味わうという形式で外界と接触しているときに描く世界像を、大森荘厳は「略画的」と呼び、それに対して、近代科学が発祥してから可能になった世界の描き方を、「密画的」と呼んでいる。

密画とは、細かい描写で精密に対象を描いた絵である。可能な限り最小単位まで還元する方法であり、きわめて分析的である。科学は、世界（自然を含め）をこの密画化して捉える考え方であり、望遠鏡や顕微鏡で対象を見ることは、まさに密画を描くことに他ならない。しかし、この密画化はきわめて分析的であり、その見方には必ず数量化がなされている。

近代以降、人間の世界観は、略画的世界から密画的世界へと大きく変化してきたと中村桂子はいう。そして、現代は密画的見方こそが進歩を支える源であると信じてやまない社会になっている、と指摘する。「重ね描き」とは、略画と密画を重ねることであり、ここで重要なことは、「科学的」だからといって、密画の方が略画より優れているということではない。忘れてならないことは、密画を描こうとする場合に略画的世界観を忘れないことで、そうすると生き生きとした自然に通じる魅力が生まれるのだという。中村桂子の「生命誌」研究は、まさにこの「重ね描き」の方法によるものだと述べている。

私自身も拙著の中で、その視点は違うが、「主観性」と「客観性」の問題として、科学知と科学的方法の問題点を採り上げたことがある。拙著では、主客の関係性を「主体性」の問題として論じているが、いまだに「主体性」とは何かを明確化することができないで悩んでいる。

弘法大師空海も、真言宗の教理・教学を展開するうえで同じような問題に逢着したのではないかと、私自身は勝手に解釈している。『秘密曼荼羅十住心論』はまさに、その集約としての結論ではないだろうか。弘法大師空海の視点は、中村桂子が論じる「重ね書き」という方法の先鞭《せんべん》ではなかったのか。このことは、私の今後の課題としておきたい。

3　不安とは何か

内なる恐怖感情

一口に不安といっても、それがどのような心の状態を指しているのか説明できる人は少ない。不安とは、誰しもが日常的に体験するもので、対象がはっきりとしていない恐怖感情である。通常の恐怖は、対象がはっきりとしている恐怖感情であり、不安とはやや違う。

また、通常の恐怖の場合、その対象は自身の外にあり、具体的には「犬が怖い」「雷が怖い」などと表現する。一方、不安の対象は自分自身の内にあり、それはひたひたと「心」の内から湧き起こってくる恐怖感情である。したがって、その感情に対応することがひじょうに難しい。

吠える犬や雷に対処する方法は、対象から逃げたり、応戦したり、他者に助けを求めれば何とかなるが、不安の場合は、そうはいかない。対象そのものが漠然としているため、対応ができないのである。

湧いてくる不安

不安は、自分自身の「心」の内から湧いてくる。したがって、生きている限り、なくなることはない。不安は、生きている限り生じる恐怖感情であり、それは哲学の命題の一つにもなっている。不安からは逃れることができないのである。不安が強くなり、日常生活に支障が生じる場合は、精神的な病気に発展するおそれがあるが、通常は大きな問題にはならない。

不安が強くなってくると、心身にさまざまな症状があらわれてくる。具体的には、不眠・下痢・便秘・嘔吐《おうと》・脱毛・潰瘍《かいよう》、女性では生理停止、男性ではEDなどの身体症状があらわれる。潰瘍もひどくなると癌《がん》へと移行するおそれがあるので、不安を侮ってはならない。

それは身体症状だけではなく、行動にも大きな影響を及ぼす。不安によって対人関係がスムーズにできないとか、部屋の中に引きこもって一歩も外に出ないといった「不登校」や「ひきこもり」などの問題行動となってあらわれたりする。

不安に伴う不眠状態が長引くと、うつろなまなざしになったり、ときには奇声や独り言などの奇行が生じたりする。

このように不安は、健康な人にも生じる恐怖感情であるが、場合によっては強靭《きょうじん》な肉体を持つ格闘家ですら倒せるほどの威力を持っている。

環境変化と不安

戦争や災害といった大きな環境変化は、人々の心の内に大きな不安を生じさせる。アメリカでは、癌の発症と災害や戦争との因果関係に関する研究が1980年代頃からさかんにおこなわれており、日本でも保健社会学が中心になって研究が進んでいる。災害や戦争といった環境変化と発癌の因果関係はかなり高いと言われており、ストレス性の発癌予防に、その研究成果が待たれるところである。

1995年（平成7年）の「阪神淡路大震災」や2011年（平成23年）の「東日本大震災」といった大きな災害を経験した後には、不安とストレスの相乗作用で発癌する割合が高くなるという。

「阪神淡路大震災」の折、神戸大学医学部の中井久夫教授宅の隣家に飼われている犬は、震災前は大きな声で教授に向って吠えていたが、震災後は犬小屋の奥にもぐってしまい、出勤途中の教授がいくら声をかけても、吠えるどころかおびえるような眼をしながらうずくまっていたという。やがて震災から1年が過ぎた頃、ある日の朝、その犬は震災前と同じように大学に向う教授に向って「ワンワン」と、大きな声で吠えだした。教授は思わず、「よかった、よかった」と、声をかけたという。人間ばかりでなく、動物が受けた心の傷が癒されるには、1年間もの時間経過が必要だったという証左である。

悲嘆と不安

愛する人を突然に亡くした人の悲嘆反応（悲しみの反応）にも、同じような症状が見られる。近親者や知人の死にともなう悲嘆反応は、通常、3か月から6か月で消滅するといわれているが、突然死を経験した遺族の中には、6か月以上を経過したにもかかわらず悲嘆反応が繰り返し生じる場合がある。これは、病的悲嘆反応として位置づけられており、突然死などの場合に多く見られ、なかなか回復しない。また悲嘆反応の中には、「命日反応」や「記念日反応」といった、フラッシュバッグがくりかえし生じるものもある。東日本大震災の遺族の中には、病的悲嘆をくりかえす人が相当数いるはずである。

最近では、代理悲嘆も大きな問題になっている。代理悲嘆とは、赤の他人が家族などの近親者に代って悲嘆を味わうもので、医療従事者や福祉施設従事者に見られる深刻な問題である。長期にわたって同じ人の介護や看護に従事した場合、家族や近親者以上の深い関係が両者の間に成立し、その患者や利用者が亡くなった場合、家族と同じような悲嘆反応が生じて、場合によっては、医療や介護の仕事を続けられずに辞めてしまうこともあるという。

東日本大震災の救助活動をおこなった自衛隊員や消防隊員は、その悲惨な状況に絶句したという。救助活動後、隊員たちの多くが精神的な不調を訴えるなど、軽いうつ的症状を呈し、数か月間会話すらできない隊員もいた、と聞いている。自衛隊の中では猛者《もさ》といわれるレンジャー部隊の隊員でも、同じような症状があったという。彼らも代理悲嘆者として認定されるだろう。

4 不安を手なずける

不安と向き合う

避けることができない不安と、私たちはどのようにつきあえばよいのであろうか。不安は、追い払おうとすればするほどつきまとってくる。

手っ取り早い対応は不安と仲良くすることであるが、そう簡単にはうまくできない。なぜなら、不安と向かい合うのが怖いからである。また仲良くしようと思っても、それこそ不安にさいなまれて振り回されることが多いからでもある。たいていは、不眠や食欲不振などの身体症状に苦しむことになる。

多くの人は自己嫌悪に陥って、自分自身を正当に評価することができなくなってしまう。ときにはその苦しみから逃れようとして、自死を企図したりもする。その意味では周囲の人は要注意である。また、軽いうつ病ほど警戒が必要である。症状が軽いために自身の現実的な問題が予測されてしまい、より不安が強くなり加速化されるからである。不幸にして命を絶ってしまう人も多いという。

しかしながら不安は、生きていることの証である。不安が高まってきたら、今、自分は「生きている」と思って、その不安とつきあうことである。言いかえれば、不安を自らの手で手なずけてみることである。自身の心の内に暴れ牛を飼っているようなもの、と考えてみると少し楽になるだろう。

不安に向き合うには、あせりは禁物である。あせってもなかなか事態は好転しない。あせらなくても良い。まずは不安に慣れることである。不安にさいなまれないためには、不安な状態をなるべく多く経験して、慣れることが必要である。不安には、特効薬はない。不安を手なずけて飼いならすしか手立てがない。いわば、不安に対する心の免疫力を高めるしか、すべはないのである。

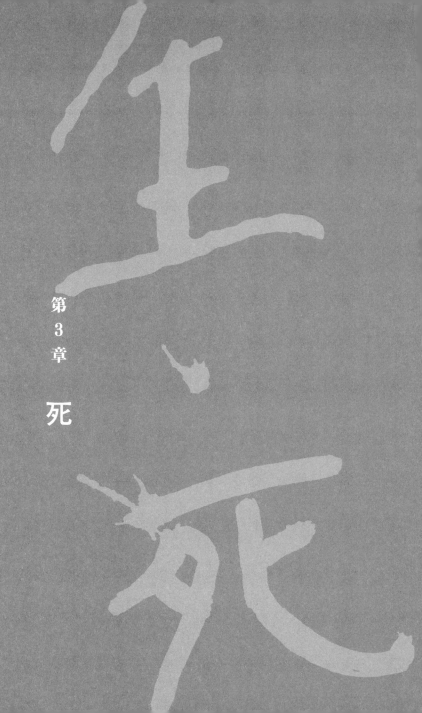

第3章

死

1　死ぬということ

不安と死

人間の不安の中で、最も不安に深くかかわる事態は、仏教の最大の命題である「生・老・病・死」の問題であり、そしてつきるところは死をめぐるさまざまな問題である。

仏教の「四門出遊説《しもんしゅつゆう》」（お釈迦さまが城塞都市から出かけようとしたとき、四方向の門外で人生の現実を目の当たりにした。東門の外には力なく衰えた老人が、南門の外にはやつれ苦しんでいる病人が、西門の外には死者の葬列が、そして北門の外には輝かしい出家修行者の姿があった）は、お釈迦さまの出家の契機として語られているように、まさに人間の「死の解決」を目指したものであり、仏教は、その教えを説いたものである。

仏教説話の中に、幼子を亡くして泣き叫ぶ母親が、「わが子を生き返らせてほしい」と、お釈迦さまに懇願したところ、お釈迦さまは、「一度も死人を出していない家の芥子《けし》の実をもってくれば生き返らせる」と、伝えたという。母親は、それこそ足を棒のようにして死者の出ていない家を探したが、そのような家は一軒もなく、結局、母親はわが子の死を受け入れたという。

この説話は、まさに現代における「グリーフケア」そのものである。死の問題は、仏教のみならず世界のあらゆる宗教の関心事であり、「不老不死」に対する憧れも、その解決の方法として語り継がれているものである。ただし宗教の場合は、死そのものだけではなく、死後の世界についても言及しているように、死のゆくえは人類の大きな関心事でもある。そのことは今も昔も何ら変わっていない。ともあれ、私たち人間は、どこから来て、どこへ行こうとしているのか、そのことが大きな問題になっている。

ところで、人が死ぬということは、いったい何を意味しているのだろうか。生き物が死ぬという宿命には、何らかの大きな意味があるはずである。次節では、そのことについて少し考えてみたい。

2　死なねばならない存在

生命の連続性

生命科学者の中村桂子は、生きとし生けるすべての生命は、そのすべての生物がDNAを持つ細胞でできていることから、祖先は一つである、という。そのことを扇にたとえて、扇の要は38億年前であり、そのとき生命は誕生したと指摘する。私たちが今ここにいるのは38億年の生命の歴史があるからであり、いのちの重みを改めて感じると、述べている。だからこそ憎きゴキブリをやっつけるときにも、一言「ゴメンナサイ」と言ってからスリッパをおろしてほしいとのことであった。

たしかに、チンパンジーと私たちのゲノム（遺伝情報）の違いはわずか2%、土の中に生息しているミミズとも4分の1しか違わない。こうして生命は、営々として自分たちの種《しゅ》を受け継いできた。そして、その過程の中に、「生」と「死」のドラマがある。

生物学者の加藤邦彦は、地球上の生命のすべてが死ぬわけではない、という。いわゆる、生きとし生けるものは死ななければならない、という常識は成立しない、と指摘する。アメーバなどの単細胞生物は、細胞分裂をくりかえしており、同じ細胞配列であるから、死ぬことはあり得ない。生物の目的は種の保存であり、それ以外の目的はないので、単細胞生物はどれも同一の生命として位置づけられるという。つまり、一つの細胞が消滅しても同じ細胞は生きつづけていることになる、というのである。

種の保存とジレンマ

有性生殖を頼りとする生命は、急激な環境変化に対応するために自分以外の個体の性質をくりかえし取り入れることで種の保存をおこなってきた。したがって、暑さや寒さに強い種もあれば、その逆も当然ありうる。つまり、種としてのバリエーションをできるだけ多く用意することで、種の保存を図ってきたのである。

たとえば、エイズウイルスに罹患しない人たちがいる。アフリカのある国の4000人の村人のほとんどがエイズに罹患して死亡したにもかかわらず、2人の女性が奇跡的に生き残った。２人とも夫をエイズで亡くしているが、自身はエイズに罹患しなかった。もちろん夫婦関係はあり、罹患するリスクは未婚者よりもきわめて高かったが、まったく罹患していない。医師団が調査したところ、彼女たちの白血球の型にエイズウイルスを寄せつけない特徴があった。

つまり、人類という種は、種の保存のためには、ありとあらゆるパターンの遺伝子を用意してきたことになる。その結果として、個体の死と引き換えに種の生存確率を有効にしたという考えに逢着する。個体の死はその帰結（犠牲）であって、決して無駄死にではない。したがって、論理的には、自身の生命は自身だけのものではない、ということになる。

人類の二足歩行は咽喉を大きく確保することになり、言葉の発生をもたらした。それから火を扱うことで食材を煮炊きしたため噛む力が弱くなり、結果的には顎《あご》を小さくしたことで頭蓋骨に空間が広がり、その進化が大脳の巨大化をもたらしたといわれている。

大脳の急速な進化は、大脳の細部に血液をいきわたらせるために、血管はきわめて細いものとなってしまった。そのことが脳卒中や脳梗塞という新たな問題を生みだしたという。進化は、必ずしも人間に快感のみをもたらしたわけではない。一方では急速な進化の犠牲ともいうべき事態を引き受けざるを得なかった宿命を、今も私たちは背負っている。つまり、死の原因を新たに増やし続けているのである。

3 死の恐怖とは何か

時間が生む恐怖

人は死の瞬間までの時間が怖い。たいていの人は、自分自身の死をうかがい知ることはできない。他者の死を見ることで自身の死を知る。しかも、その死をあらかじめ知ることができるために、人は死を恐怖する。それは、時間を手に入れたために生じた、宿命ともいうべき恐怖である。

仏教の修行者は、死の諸相について「九相観《くそうかん》」という観法をおこなうことで、生死観《しょうじ》（死生観）の修行をしたといわれている。それは才媛の誉れ高く絶世の美女とうたわれ、仏教に深く帰依《きえ》した檀林《だんりん》皇后（嵯峨《さが》天皇の妃）が亡くなるとき、周りの者に「葬儀をしないで、私の亡骸《むくろ》を野に捨てなさい。そうして亡骸の変化を見れば、色欲におぼれる者とて淫欲から離れるであろう」と、遺言したことに基づいている。

この具体的な場面が「九相図」であり、死んで白骨化するまでの死体の様子が、リアルに描かれている。その絵図を見ると、吐き気を覚える場面が次々と出てくる。腹が膨《ふく》れ、内臓が溶けだし、蛆《うじ》が無数にわいている場面などは、なかなか直視しがたいものがある。「魂魄《こんぱく》この世に留まり」というように、伝統的な日本人の「死生観」には、骨になったとしても、その骨に魂が宿ると信じられている。いうまでもなく近代以降の「死生観」とは、かなり違っている。

4 死は悲しむことなのか

四苦《しく》八苦《はっく》

愛する者との死別は実に悲しいものである。ましてや肉親との死別はなおさらである。仏教では、根本的な苦悩を「生・老・病・死」に収斂《しゅうれん》して論じているが、本来的には先の四苦の他に「愛別離苦《あいべつりく》・求不得苦《ぐふとくく》・怨憎会苦《おんぞうえく》・五蘊盛苦《ごうんじょうく》」の四苦を加えて、四苦八苦として説いている。

「愛別離苦」とは、愛する者との離別のことである。親子・夫婦・友人などとの死別はほんとうに悲しいものである。弘法大師空海は、夭折《ようせつ》した愛弟子《まなでし》智泉の死にさいして、「哀《あわ》れなるかな、哀れなるかな、哀《あい》なる中の哀なり、悲しいかな、悲しいかな、悲《ひ》が中の悲なり。哀れなるかな、哀れなるかな、また哀れなるかな、悲しいかな、悲しいかな、重ねて悲しいかな」と、その悲しみの感情を吐露している。ましてや私たち凡夫《ぼんぷ》はなおさらである。しかしながら、空海は、死を大前提としながらも、そのことを前面に出していない。人間はいかに生くべきかということを前向きに、そして多面的に論じているのである。そして生きることに意味を見出している。そうでなければ、「即身成仏思想」は完結しない。

「求不得苦」とは、求めるものが手に入らない苦しみのことである。すなわち、自分の思い通りにならないという苦しみである。本当にそのとおりである。この世の中は、思いどおりにいかないことの方が多い。逆に、簡単に思いどおりになったら、それはそれで大きな問題になってしまうだろう。

「怨憎会苦」とは、恨み憎んでいるものと会わなければならない苦しみのことである。たとえて言えば、自分と気が合わない、あるいは価値観が違って衝突するなど、自分と相対立する人と一生を通して仕事をしなければならない、というような苦しみのことである。会社や学校という組織の中で仕事をする場合、自分とそりが合わない人がいてギクシャクした雰囲気を強いられてしまうことが多い。実際、こうした人間関係に苦痛を感じて退職したり退学したりする人がいる。

最後の「五蘊盛苦」とは、人間の肉体と精神をうまくコントロールできない苦しみのことである。つまり、自分自身ではコントロールすることができない身体に備わっている苦悩である。たとえば、熱くないと心で念じていても、実際はそうではない。熱したフライパンに触れると、反射的に手を引いてしまう。自分の五感をコントロールして苦痛を和らげることはなかなかできないものであり、その苦しみはひじょうに深いものである。

5 死を慈しむ心

生と死のドラマ

この地球上に生命が誕生して38億年の「生命誌」には、それこそ数え切れないほどの生と死のドラマがあったはずである。誰もがそのドラマの繰り返しの中の一つのエピソードとしての生と死を持っている。したがって、死を悲しむというよりは、どちらかというと死を慈しむことの方が大切ではないかと思う。

迫りくる死の瞬間を知ったための悪あがきは、38億年の生死《しょうじ》の広大なドラマにはいっさい通用しない。生死そのものは、私たち人間の悪あがきなどにまったく頓着しない。生死は、生死としての流転をくりかえすのみである。生と死は、あくまでも自然現象であり、私たち人間が計算できることではない。まさに自然そのものだからである。

現代人が、こぞって死を忌避する姿勢は異常である。死は、一方では安らぎの世界であり、また死は、さらなる人生の始まりでもある。死を終焉《しゅうえん》として捉える姿勢は、欧米人の直線的な価値観であり、私たち日本人の円環的価値観とはまったく違っている。したがって、先祖供養の意味もそこにあるのだと考える。なぜなら、誰しもが先祖になるはずであり、まだ生まれてこない子孫も、まちがいなく先祖になるからである。

魂の存在

欧米（キリスト教社会）と日本との文化の違いを知るメルクマールの一つに、動物と人間との差がある。日本人は、人間・動物を命のつながりで考えているが、西欧人は動物と人間の間に明確な一線を引いている。彼らは魂があるかないかを厳密に問題にする。

ペットとしての犬や猫は家族の一員として扱われ、そのペットが死ぬと、最近では葬式をあげ墓まで用意する人が増えている。欧米では、まずそのようなことはない。ペットにミサをあげるなどは考えられない。人は死ねば魂が残るけれども、動物には魂がないというのが欧米では絶対的な原則である。

すなわち、人間のそなえている体は動物と同じであり人間と動物には共通項があると考える日本文化と、人間だけが魂を持っていて他の動物とは異なると捉えている欧米（キリスト教）文化との違いである。欧米の文化では、動物と人間の間には越えられない絶対的な壁ないしは溝がある。

前項優位性

現代は、近代の延長線上にある。そして、近代以降の文化の問題は、二項対立図式の前項優位性にある。たとえば、生と死、若と老、昼と夜、男と女、正常と異常、健康と病気などがあげられるが、いずれも前項が優位性を保っている。最も大きな問題は、前項と後項との間に通路がなくなっていることである。たとえば、生と死は、表裏一体の関係であり、生と死を分けて論じることはできないはずなのに、である。

若者と老人の間にも通路が断たれている。子どもと老人は、わが国では昔話のモチーフとしてしばしば登場し、「かぐや姫」「桃太郎」などはその代表であったのだが。近年では、昼と夜もその関係性はひじょうに曖昧《あいまい》になっている。眠らない街・新宿などといって、夜も昼と同じような明るさがそこにある。男と女の間も同じように曖昧になっている。男性の優位性は一昔前の話であって、今日では女性が女の子を産むと勝ち組で男の子を産むと負け組などという風潮まである。草食男子と肉食女子という流行語にも、そうしたことが如実に表れている。

正常と異常の間も曖昧になっている。心の病において、はっきりしない曖昧な症状を呈する患者の診断においては、一方の典型病と他方の典型病の境界性の疾患として分類されている。それは健康と病気についてもいえる。

近代以降の図式である二項対立図式の前項優位性は、生と死の問題については、すでに指摘しているように、あまりにも生そのものに価値が求められすぎている。そのように生と死を分離して捉える発想は、デカルトの二元論にその起源がある。

第4章
〈狂気〉

1　静謐《せいひつ》なる「狂気」

命がけの祭り

わが国の奇祭を代表するものの一つに、信州諏訪大社の「御柱祭《おんばしら》」と泉州岸和田の「だんじり祭り」がある。いずれも、けが人やときには死者をともなう祭りとして有名な宗教行事である。

「御柱祭」は、6年に1度（申年と寅年に）おこなわれる。計16本の樅《もみ》の大木を、山の急斜面を使って一気に引き落とす、危険なものである。前回は1人の若き氏子の命を呑みこんでいる。しかしながら祭りが中断されることはない。本来的には、「祭り」は命を賭しておこなわれるものであり、それが祭りの原初型である。またそれは神との交流の場でもある。氏子はそろって大禊《おおみそぎ》をおこない、神々と共食して、祭りにのぞむ。まさに日常から非日常への転換であり、神と一体になるのである。

私も前々回の諏訪大社の「御柱祭」に参加した。あの有名な「木落とし坂」に立って、春宮の二番柱の雄綱を引いた。「木落とし坂」の斜度は30度を越えていて、体を斜めにしないと立っていられない。20メートル近くの樅の大木が土煙を上げて落ちていく。その場にいる者は誰しもある種の戦慄《せんりつ》を覚える。私も体の中の血が沸きあがるほどの経験をした。いわゆるヌミノーゼ（Numinose＝聖なるものに面して、恐怖と魅惑という両義的感情をもつ）体験である。

ところが、死者が出たからであろう、後日の新聞各社には、人の生命を無視する祭りは廃止すべきであるという否定的な投稿が寄せられ、掲載された。しかしである。われわれ人間は、投稿者が考えるほど理性的かつ合理的な存在ではない。また、人間ほど非理性的であり、非合理な存在もないだろう。そうでなければ、いたましい殺人事件や暴力事件などは生じない。

そもそも宗教的祭りには、宗教行事の一面性を有していても、もともとは人々の日常生活の鬱積《うっせき》した情念を、祭りという非日常的時間と空間を用意することによって解放するところに重要な意義がある。現代において、こうした宗教的祭りが本来的機能（魂の救済・魂の浄化）を失いつつあることは、新聞各社への投稿記事を見ても理解できる。

〈静謐《せいひつ》なる「狂気」〉と宗教

私も同様の批判と断罪を受けた経験を持っている。かつて〈静謐なる「狂気」〉という言葉を使って、弘法大師空海の「即身成仏《そくしんじょうぶつ》」世界を論じる一文を投稿したことがあった。後日、「狂気」という言葉を使用した論文は宗団布置研究機関の「紀要」としては品位に欠ける、との批判を宗派所属の研究者の一人から受けたのである。言葉狩りといえばそれまでであるが、今も既成仏教教団が持つ閉塞性と一面性は続いている。実のところ、この一面性と閉塞性は、近代から現代が抱えている大きな問題でもある。ポストモダンが叫ばれるのはそのためである。

私が使用した〈静謐なる「狂気」〉とは、時代の闇を切り開く手続きの一つにすぎない。それはまさにヘーゲル（Hegel. G.W.F.）の「ミネルヴァの梟《ふくろう》は迫りくる黄昏《たそがれ》に飛び立つ」がごとくであり、そして弘法大師空海の思想は、「知」の混迷を切り開く大きなヒントを持っている。

そもそも、宗教は宗教そのものとしては存在しない。われわれは既存の、あるいは伝統的な教団や寺院に関係することによって、無条件に「宗教なるもの」に関与していると錯覚しているのではないだろうか。実は、この錯覚こそが、事態を複雑化し既成仏教教団の停滞と形骸化をもたらしている張本人である。ここでいうところの〈「狂気」の復権〉とは、宗教が社会的機能を有している同時に、社会的機能を超越している、いわば宗教と社会の対立と融合のダイナミズムを言わんとするところである。

「狂気」のもつ意味

「狂気」という言葉は、一般的には、マイナスのイメージで捉えられている。『広辞苑（第三版）』によれば、「気が狂っていること」「気違いじみた心」などと表記されている。また、今日、「狂気」と同義語として使用される異常については、「普通と違うこと」「理想的な状態や好ましい状態より劣っていること」などと記されているが、いずれの場合もきわめて抽象的であり、かつ具体的ではない。

ともあれ「狂気」という言葉はじつにさまざまな意味を持っているが、またそれは曖昧な言葉でもある。それは狭い意味での精神異常をさしているかと思えば、祭りなどに代表される「熱狂」や「狂信」を指したりもする。一般的には、正常対異常、合理対非合理、日常性対非日常性などの二項対立図式で論じられるところの後項に属する世界として捉えられている。しかしながら、われわれ人間は、このような二項対立モデルでとらえられるほど単純な存在ではない。

精神病理学者の木村敏は、正常と異常との異同について、量的異常と質的異常の二区分から、人間における「狂気」を論じている。木村敏が指摘する量的異常とは、端的には「ある平均値からの逸脱」という意味の異常であり、質的異常とは「多数者の常態からの逸脱」（多数者正常の原則）という質的に異なった状態を異常とみなす捉え方である。それは私たちの日常生活用語にも見られる。たとえば、何事かに狂いが生じたといった場合、それはあるべき状態からの逸脱であり、ズレを意味している。

「狂気」への価値的意味の付与

問題は、「狂気」という言葉に何らかの価値的意味を付加する場合である。なぜなら、「狂気」に何らかの価値的意味を付加しない場合には、さしたる問題は発生しないからである。知的能力をあらわす知能指数については、ある平均値よりも高い場合は、秀才ないしは天才と呼ばれるが、平均値よりも低い場合は、さまざまな差別的呼称で呼ばれる。両者とも平均値からの逸脱であり、異常であることに変わりはない。しかしそこに社会的価値観が付与されると、両者への判断はまったく違ってしまう。

ある種の価値規範的、目的論的な考えがそこに入ってくれば入ってくるほど、「狂気」ないし異常は精鋭化して、私たちの常識的価値観をおびやかすことになる。そのことが私たちの生活を複雑化するとともに、さまざまな問題を惹起《じゃっき》する。

即身成仏と〈静謐なる「狂気」〉

「狂気」とは、心理学的には、知覚のゲシュタルトを失った状態にほかならない。ゲシュタルトとは、「要素に分割しえない全体としてのまとまり、ないしは構造」のことである。たとえば、音楽のメロディはオクターブ上がっても下がっても、総体としてのメロディは変化しない。つまり、要素が変わっても相互の関係が同一ならば同じメロディとして知覚されるのである。

〈静謐なる「狂気」〉とは、実はそれすらも欠如した状態を指している。いわばそれは言葉による意味づけ不能の状態であり、関係世界に入ることができない状態である。

弘法大師空海が教える即身成仏の世界とは、この知覚のゲシュタルトを恣意《しい》的に喪失させた世界を捉えているのかもしれない。もし仮にそうであるとするならば、「即身成仏」の世界とはコード（和音）なき世界であって、そこには時間も空間も存在しない世界である。それがまさに〈静謐なる「狂気」〉であって、日常的に使用される「狂気」とはまったく違うものである。ここでは、日常言語を基礎とする「自我」に基づく「生」は、根底から否定される。その意味では即身成仏とは、人間としての「死」を意味している。

しかしながら真言行者は、恣意的に自覚的にその世界を目指して修行する。つまり真言行者は、人間としての「死」を擬似的体験することで、新たな世界を知覚する旅に出るのである。したがって、即身成仏の場合、「身」に大きな意義を置かなければならない。自我が断滅された自己世界は、「身」としての個体以外に定位されるものは一切ない。そこにあるのは言葉以前の身体的な感覚運動の世界のみである。それ以外に何もない。まさにそこは言葉が果つるところである。

言語と身体の自由な往復運動

現代言語学のソシュール（de Saussure, F.）は、世界をそのつど分節《ぶんせつ》（全体の構成を保ちながら要素に分類されていくこと）しつづけている自由な運動を、ランガージュ（le langage）と呼んだ。この自由な運動は、言語活動のみならず人間の営みを支える根源的なものであり、それは形式を通じて自己実現されると彼はいう。

分節され析出した世界は、そのつど新たに分節されていく。それはあたかも個体発生のドラマに酷似している。一つが二つに分裂し、さらに二つが分裂をくりかえす。こうした自由な運動は次々と形式の中にとらえられて二つの地層を形成する。一つが言葉であり、一つが身体である。いうまでもないが、この運動を最初に引き受けるのはわれわれの身体において他はない。すなわち、われわれの世界は、言葉と身体なくしては析出されないのである。とりわけ身体がもつ意味は重要である。

演劇家の竹内敏晴は、自身の経験（難聴）に基づいて、「ことばとは、確定され、文字に書かれ、まぎれもなく発音されるものよりは、はるかに根源的な何かであるのではないか。ことばとは、発するまえにからだの中に、ある動くものがある。

その体の動きとして外に現れ、あるいはこえとして発する」と、指摘する。

　このようにランガージュとは、言葉から身体に至る自由な往復運動を示しているが、まずその運動は、身体から言葉の方に向かって硬直化し、次いで言葉から身体に向かって溶解し、身体を突き抜けてさまざまに分散する。

　芸術家は、この自由な運動を求めて、その硬直化の流れを逆行する。逆行することで、既成の概念を取り払うのである。きわめて単純な身体的運動リズムが無条件にわれわれわれを感動させるのは、そのためである。

「御柱祭」の「木落とし坂」に立って、「山の山王ぇー」というきわめて単調な木やり節のリズムに、人々は戦慄と感動の両面を味わうことになるのである。

　真言行者が語る「真言」とは、私たちが日常的に語る言葉ではない。それは身体言語としての意味を持ち、私たちの「生」の全体的エネルギーそのものである。「即身成仏」世界とは、世界と自己との関係性を人間の根源的な身体感覚までいったんは還元して、そこから人間存在の、「生」の全体を生きようとする試みにほかならない。

2 「狂気」の行方

超心理学的体験の意味

現代においても、心霊現象・超常現象・念力・予見など、いわゆる超心理学的な超能力者の存在があるが、彼らの体験は大多数の人間と比較して、はるかに豊富であると言わなければならない。

最近、超常現象に科学的なメスが入りつつあるが、それによると、ある場所に行くと悪寒《おかん》がする（憑依《ひょうえ》されたと感じる）、またオレンジ色の光が見えるという体験は、脳内に体温を下げる脳内物質が分泌されることから生じる現象であるという。そしてそれは仮説的には、生命維持に伴う防御反応であるとされている。

ネズミはヘビと対峙《たいじ》すると体温を急速に下げる。それはヘビのピット器官に捕捉されないための防御反応であり、脳内から体温を下げる物質を分泌するという。しかしながら、人間の悪寒反応は、ある種の電気的エネルギーが関与しないと生じないのだという。その電気エネルギーがどこからやってくるのかが、いまだ解明されていないから不思議である。

一般的には、彼らの体験は私たちの日常生活からはみ出している。そして彼らがこの余分の世界の出来事に基づいて日常生活を送るとすれば、その行動は多数者の日常性をおびやかす振る舞いとして厳しく断罪される。しかしながらそれは逆もまた真であり、現代のような科学的思考による教化が進んでいなかった時代では、彼らはシャーマンやイタコやユタなどと呼ばれ、異世界との通路を開く存在として、あるいは既存文化を批判し活性化させる価値規範（トリックスターなどと呼ばれている）を提供していた。

多数決による排除

しかし、現代における私たちの社会では、多数決という素朴な判断基準が働いている。価値そのものを判断するのに、それがどのようなカテゴリーであろうと数の論理で決定してしまう。つまり多数者正常の原則が働くのである。超心理学的超能力を持っている人たちは、私たちの社会にとっては排除されるべき存在となってしまうのだが、彼らからすれば、私たちこそが欠陥人間であるのだ。たとえば、この世界に満ちている光の色が彼らには見えるのに、私たちには見えない。彼らの体験世界の方が私たちよりは、はるかに豊かであることはまちがいない。

ところで、「狂気」は個人の中では発現《はつげん》（他者との関係において生じる）しない。必ず、他者との関係の中で異常として発現する。言いかえれば、「狂気」は「正気」ゆえに「狂気」であり、「正気」は「狂気」ゆえに「正気」なのである。つまり、「正気」も「狂気」も文化的に意味づけられた世界の価値であり、コップの中の出来事にすぎない。しかしながら、その文化的意味をもった世界は、文化的意味づけをされない世界（カオスと言いかえてもよい）から投影されているにすぎないのかもしれない。文化的意味づけをされていない世界の投影として、「正気」と「狂気」が存在するということである。

現代社会においては、それまで両義性を許容されていた柔軟な社会を、「合理性」が硬直させる。つまり、「正気」と「狂気」が混然としていた社会に対して、合理性という一面がその両義性を許容しないのである。多数者正常の原則によって産み出された「正気」は、「狂気」を否定し、疾病として社会の周縁へと隔離・排除する。

3 「狂気」の復権

宗教の合理化を失った現代科学

〈「狂気」の復権〉とは、非科学的で非合理的な社会へ回帰するという意味ではない。前近代社会においても科学と宗教が未分離なだけであって、いわゆる科学的・合理的思考はすでにおこなわれていた。その意味では、宗教は社会を合理化していったのである。

たとえば、絶対的普遍的救済である。そこから生じるのは、人々の絶対的平等であり、神仏という絶対的存在の下の平等を宗教によって社会が受け入れていったのである。それは科学的思考よりはきわめて絶大であろう。

科学は、人々の生活（物質的）を豊かにできても、人間の生き方を示すことはできない。また、宗教の合理化を失った現代科学は人間の社会生活において、その「逸脱」を許すのである、かつてナチスの科学がそうであったように。それはカルト宗教であるオウムで復活してしまった。すなわち、それらの「呪術的な科学」はいつでも復活する、というよりは、それをよみがえさせるのが人間なのである。

このことはきわめて逆説的である。カルトという「狂気」を宗教が生み出したと一般的に思われているからである。しかし、「狂気」を排除したのは科学であり、その「狂気」に奉仕したのも科学であった。

だからこそ、人知を超えた仏智・仏法が、是《ぜ》が非《ひ》でも必要なのである。〈「狂気」の復権〉とは、言いかえれば、科学万能によって欲望を際限なく増幅させる人間に対する、あるべき社会を目指す手続きの提言である。

第5章
私

1　見届けられない自身の死

「自分探し」をする若者たち

私という存在は、天にも地にも、私一人である、と宣言されたのはお釈迦さまである（「天上天下唯我独尊《てんじょうてんげゆいがどくそん》」）。

しかしながら、私という存在は、すべてが他者性でしかない。私として名のる名前も親から与えられたものであり、自らを語る言葉もすべてが他者からの贈りものである。

それでは、私とは何者であろうか。

「本当の自分がわからない」「自分は何者であるのかを知りたい」などと訴える若者の一群がいる。彼らは、自分探しと称して旅をしたり、イルカやクジラのウォッチツアーに参加したりする。東日本大震災後は、被災地にボランティアとして参加する人も大勢いる。ところが、そのようにいろいろなことにチャレンジしても、「本当の自分がわからない」と訴えて、精神科クリニックを受診したりもする。

そもそも、本当の自分を探す、などということ自体が、大きなまちがいである。すでに述べたように、自分とは他者性そのものであるから、他者を介さないと自分を知ることはできないのである。

そうは言いつつも、彼らの訴えに耳を傾けて聞いてみると、必ずと言ってよいほど「自立」という言葉を使う。いつごろから、この「自立」という言葉が頻繁に使用されるようになったのか定かではないが、きわめて迷惑な言葉の一つである。

「自立」という言葉を『広辞苑（第三版）』で引いてみると、「自分だけで物事を行うこと」と記されている。「自立」という言葉には、親元を離れて一人で生きるというような意味も含まれているので、いつの時代でも若者にとって、その実現はなかなか難しいものがある。実際、「自立」している人などいるだろうかと疑ってしまう。そして、「自分だけで物事を行う」ということもまた、まことに非現実的である。

人という動物は、大勢の支えのなかで生活している。本来的には、また原理的には「自立」などありえない。同じ発音で「自律」という言葉がある。この言葉は自らをコントロールするという意味であり、自分の身の回りのことは自分でする「基本的生活習慣」という意味である。このことはかろうじて理解できる。そしてこの基本的生活習慣のいくつかは、保育園への入園条件になっている。

「便所飯」と「自己愛」

最近、「便所飯」という言葉がある。食事を摂る場所としては、最もふさわしくないところであるが、一人トイレで昼飯を食べる若者たちがいるというのだ。どうしてかというと、ひとりぼっちでご飯を食べているところを他人に見られたくない、知られたくない（いっしょに食事する友達のいない人と思われたくない）という理由からだという。

何とも不思議な光景であるが、このように人と人との関わりがうまくできない若者が近年増えている。子どもの数が少ないとはいえ、食事を摂るのにもっともふさわしくないトイレで食事をすること、そのことに違和感を覚えるのは私だけではないだろう。この問題も自他の関係性の問題といってもまちがいではない。

たしかに、自己愛型の若者は大勢いる。ストーキング行為の果てに、かつて交際していた相手を殺傷する事件の詳細を分析すると、同質の病理性を求めることができる。いずれのケースも深い人間関係というよりは、浅く広い関係性に終わっていることに気がつく。しかも恋愛関係を、性的関係が中心であると思い込んでいる人たちがじつに多い。いわば性的関係は結べても、男女としての深い関わりができないところに大きな特徴がある。

最近では電子メールやＬＩＮＥを使用するという間接的な関わりが主流になっており、人と人との深い関係性はきわめて希薄になっている。とりわけ性的関係は、男女関係のツール（道具）になりつつある。したがって、不特定多数の異性との関係は性的関係をふくめて成立しても、一人の異性との深い関わりはあえて避ける結果になっている。なぜなら、深い関わりは自分自身を傷つけることにもなりうるからである。

いま一度、生死《しょうじ》の話に戻ろう。自分自身の生と死の実際を目撃した人は誰もいない。ところがごくわずかであるが、母の産道から生まれ落ちるときの記憶を持っている子どもたちがいる。自身の死を目撃した人はいないはずであるが、幽体離脱して自身の遺体を真上から見たと訴える人もいる。しかしそれもほんの一部でしかなく、私たちは誰しも自分自身の死を見届けることができない。他者に自身の死を看取《みと》ってもらうしか術《すべ》がないのである。

このように、生きることも死ぬことも一人ではどうにもならない。人は人を介してのみ人として存在する、のである。

2 生も一つの苦痛である

「不老不死」という苦

もし、仮に自分の生が、永遠であるとしたら、すなわち不老不死が現実のものになったとしたらどうであろうか。京都大学の中山伸弥教授グループが発見したiPS細胞は、これまで人類の夢物語であった「不老不死」を現実のものにするかもしれない。しかしながら、実際問題として、永遠の命を手に入れて、死ぬことができないとしたら、それは違った意味で苦痛ではないかと思うのは、私だけではないと思う。

前述したように、以前、死ぬことができない未来社会をモチーフにしたSF映画を観たことがある。生きることに疲れてしまった人々が、ビルから身投げする、あるいは拳銃で頭を撃ち貫いて死ぬことを望むが、同じようなことを何度も試みても、すぐに生き返り、死ぬことができない。人々は、何とか死なせてほしいと神々に祈り、大きな声で「死にたい！」「死なせてくれ！」と、叫ぶところで、この作品は終わりになる。作品そのものは一種のパロディであるが、近未来的にはけっして非現実的な話ではない。

それにしても死から解放された場合、人々の生活はどのように変化してしまうのであろうか。それは想像すらできないし、また想像したくもない。もしかしたら、葬儀という儀礼を必要としない社会になるかもしれない。当然、墓地も法事も不必要になってしまう。もしかしたら、宗教そのものもが不必要になるかもしれない。

今後、地球人口は爆発的に増加し、食料危機は日常茶飯事となって、戦争状態が永遠に続くと思われる。こうした事態を受けて、科学者は地球人口の抑制と食料増産のために、人間の小人化と食べ物の巨大化を真剣に図ろうとするだろう。

実際、こうした考えは、すでにいくつか実行されている。

死ぬことができないとしたら、人々の生活も一変し、時間の概念も大きく変化する。いや、時間という概念も不必要になるかもしれない。そして人々は、ひたすら刺激を求める享楽的な生活に終始するだろう。それはあたかも薬物依存の患者と同じような症状を呈するだろう。つまり、刺激が新たな刺激を求めてエンドレス状態に陥るのである。やがては、死という言葉そのものが不要になり、辞書から削除されるかもしれない。このように、ありとあらゆる事柄が見直される世界が現実化する。

ともあれ、よりよく生きるということは、よりよく死ぬことであり、もし未来社会が不死の社会であったとしたら、四苦八苦という仏教の根本苦悩は、根底から瓦解してしまう。しかしながら、すでに述べたように、人間という動物だけは、世界の全体を生きんとする存在であり、死ぬことができないことについても必ず意味づけを求めるに違いない。そして、そのことに深く苦悩することになるのだろう。

3 すべては生かされている

生命のつながり

私たち人間も自然の一部であり、生き物の一種類である。人間だけが自らを霊長類といって他の生物と区別しているにすぎない。しかしながら生命は、人間も他の生き物もまったく同じである。しかも、他の生き物がいなければ、私たちは一瞬たりとて生きていくことができない脆弱《ぜいじゃく》な存在である。それは食物連鎖と同じである。私たちも食物連鎖の輪の中にいる。したがって、私の生命は、幾多の生命によって生かされているのであり、私一人が単独で存在しているのではない。

世界宗教の一つであるキリスト教とインドにおいて興った仏教の世界観の決定的な違いは、自然観と人間観である。

キリスト教では、人間も自然もすべては創造主である神によって創られたものであり、私たち人間は神に似せて創られた存在（神の似姿）といわれている。したがって、仏教とは違って、神と人間の間には明確な一線が引かれている。人間が神になることは絶対にない。地球上の生きとし生けるすべてのものは、神が創造したことになっている。ダーウィン（Darwin, C.R.）の「進化論」は真っ向から否定されている。そして、神と契約した者のみが、地球上のあらゆるモノ（植物や動物）を支配してもよいのである。

羊の宗教文化

宗教学者の山折哲雄は、キリスト教と仏教の世界観の違いについて、羊の宗教文化と牛の宗教文化の違いであると指摘する。羊の宗教文化はキリスト教であり、牛の宗教文化は仏教である。

羊のごとく歩むキリスト。その生涯の最後に羊のごとく犠牲《いけにえ》にされるイエス。そういう羊のメタファーが、『聖書』にはあふれているという。羊の存在を離れてキリスト教の世界はない。さらに、西洋社会の枠組みも、この羊に対する考え方に添って創り上げられたのではないかと推論する。

具体的には、一般的に、遊牧民は羊にどのような姿勢をとっているかというと、まず生まれてきた子羊のうち牝を残して、牡はほとんど殺してしまう。しかし全部の牡を殺さずに、種付け牡だけを残す。その種付け牡の中から1頭のリーダーを選んで誘導羊にする。その牡の誘導羊の首に鈴をつけて、その鈴の音を頼りに牧童は他の羊を誘導し、コントロールするのである。もともと羊には服従性があり、1頭の誘導羊を手なずければ、あとの羊の群れは自由に動かすことができるという。コリーなどのシープドッグはそのために飼い慣らされた犬である。

羊飼いの仕事は、羊の群れを管理し、合理的にコントロールしていくことで成り立っていて、羊の再生産と乳の再生産が途絶えることなく連続するようにする。そして、必要でない余分の牡羊はどんどん殺してしまうという。

牛の宗教文化

牛の宗教文化としての仏教の場合は、古い仏典には、釈尊《しゃくそん》（お釈迦さま）は牛のごとく歩み、牛のごとく堂々として、牛のごとく智慧《ちえ》のある言葉を発すると書かれている。釈尊の行動ならびに仏教徒の日常茶飯事の行動が、牛に比較されているのである。ヒンドゥー教徒としてのインド人は、一般に牛が自然に外部に排泄《はいせつ》するものだけしか活用しない。牛乳も糞尿もみなそうである。牛は自然に成長し、排泄をし、そしてその排泄物を人間が利用する。その役割を終えると、牛は自然に死んでいく。自然に生き、自然に成熟し、自然に死んでいく。インド人は、こうした牛の自然というものを大切にして生活している。それを人間に当てはめると「四住期」という考えが出てくるという。

「四住期」とは、人間の人生を四つの時期に区分して、その期間の基本生活を示したものである。まずは徒弟の時期、修行生活から始める。やがて世俗的な家長時代をへて、臨終期へと移行して行く。そこで心身の自然的成熟を待つ。釈尊のさとり世界も精神が自然に成長し成熟していくことを意味しており、その自然的な過程は牛の生態と似かよっている、と山折哲雄は指摘する。

仏教文化圏は自然の生き方を重視するのに対して、欧米のキリスト教文化圏は自然をコントロールする生き方に力点を置いているのだという。

山川草木《さんせんそうもく》といのち

仏教は、釈迦族の王子であった釈尊が出家し、そして苦行の末にさとったことで興った。王族の王子とはいえ、普通の人間が厳しい修業の果てにさとりの境地に至ったのである。仏教では、私たち人間も自然の一部として捉えられる。私たちの命は、「山川草木」と同じレベルの命として語られている。

わが国の木こりは、山の木を一本切るとき、山神に許しを請うて、命ある木に対して供物《くもつ》を奉じてから切るという。木一本に対しても命あるものとして崇《あが》めていたことになる。その姿勢は、命に対する畏敬の気持ちからであり、命を奪うことに対する厳粛な気持ちがそこに反映されている。

先年、伊勢神宮の「式年遷宮《しきねんせんぐう》」がおこなわれた。20年ごとに神殿などを新調する儀式である。すなわち、再生のドラマがそこにある。その際に使用される用材の切り出しは、20年前からおこなわれている。しかもそれは、古式の厳粛な祈りと斧人（そまびと）による三つ切り（斧のみで切り倒す）という方法でおこなわれる。今日では、チェンソーが無情なうなり声をあげているが、かつてはそうした光景がわが国の隅々で展開していたのである。

私たちの先祖は自然とともに在ったのであり、自然と一体感をもって生活していた。欧米と違い、雄大な山々を神として崇めたのも、自然観の違いからである。富士山信仰や各地にそれぞれの山岳信仰が伝えられているが、神とされる自然は山だけではない。大きな石や巨木も信仰の対象となっている。

里と山の境界には神社仏閣が多い。それは現実世界と異界との境界を示しているからである。換言すれば、聖と俗の通路としての意味を持っている。神官と僧侶は、聖なる世界と俗なる世界を仲介する役割を持っていたのである。たとえば、稲荷《いなり》信仰は、必ずといってよいほど里山と深山の間ないしは境界に設けられている。具体的には、かつて古墳であったところや遺体の捨て場所などがそうであった。古墳には穴が多く、キツネの棲みかがあった。里では稲作が盛んであり、その稲の穂を食べ荒らすのが野ネズミであり、キツネは野ネズミを食料としていたので、いつしかキツネがお稲荷さんの使者として人々に信仰された。稲荷はインドの荼枳尼天《だきにてん》（ダーキニー）にその由来があり、それが中国に入ると使者はイノシシになっている。

未開という誤解

イギリスの宗教学者のタイラー（Tylor, E.）は、こうしたわが国の信仰形態をアニミズム（animism）として捉え、原始的かつ未開人の宗教の特徴であると論じた。しかしそれは、大きなまちがいである。そこにも東西文化の大きな違いがある。

こうした文化の違いは、料理ひとつとってみてもわかる。西洋を代表する料理にフランス料理があるが、その特徴は素材に人為的な加工を加えることを旨としている。それに対して日本料理は、できる限り素材そのものの新鮮さを追求し、あまり人の手を入れないことに終始している。それは刺身の「お造り」に代表される。その中間に位置するのが中華料理ではないかと思われる。

また、そうしたことは庭園も同じである。西洋式庭園は、人工的で人の手を入れることで造園される。しかも庭園のほとんどは左右対称（シンメトリー）に設計されている。日本庭園は西洋のそれとはまったく違う。たしかに、一見すると自然をモチーフにして、いったんは人間の手を入れるが、できるだけ自然に近づけるようにして作庭される。しかもその特徴は非対称の造形である。

そのミニチュア版が盆栽である。近年、西洋人の間で盆栽ブームがおきているのは、人間の手を入れる盆栽の醍醐味に少なからず魅力を感じるからかもしれない。

第6章 超克

1　他者を通して知る自分

宗教の存在理由

私とは何か。

この命題はきわめて深刻な問題である。

なぜなら、「私は人間である」という判断から始めて、「私は男である」「私は気が弱い」などの自身の人格（性格）に関する判断をしたとしても、私は〜であるというときの〜にあたる部分は、真の私を表しているものではない。それらすべては表面的な言い表し方をしているにすぎない。すべては子どもの頃からの環境によって形成された私であり、けっして「真の自己」ではない。いわばその自己とは他者ということに他ならない。

すでに第5章で述べたように、自分という存在は他者を介してのみ知ることができる存在であり、「本当の自分」などというものは、ない。だからこそ共通感覚（コモンセンス）として他人同士がわかりあえるのである。この感覚は、世界人類に共通している。

それでは「真の自己」とは、すなわち「私は〜である」という判断では表現することができない本当の自分とは何かを知るためには、どうすればよいのだろうか。そのことが大きな問題になる。言葉で捉える自分が、表面的な自分であるとすれば、言葉には頼れないのだから。

すでに触れたが、宗教は、本来的にはその時代を、いや、本質的には時代を超えて、その時代を支配する価値観である文化に対して、批判的に関わる役割を持っている。もちろん、批判といっても、宗教的な価値観による批判が中心になるが、そうでなければ宗教の宗教たるゆえんと存在価値はない。

宗教が何ゆえに存在するのかというと、人間という生き物は、世界の全体を生きようとする存在であり、部分を生きることができないからである。

人間だけはいついかなる事態に陥っても、「意味なき世界」に生きることができない。科学も哲学も部分でしかない。世界の全体を包摂《ほうせつ》するのが宗教であり、世界宗教と呼ばれる宗教は、世界そのもの、すなわち、世界観を必ずもっている。

そして、それは死と死後の世界にまで及んでいる。

　したがって、宗教者は、最終的には私という自己を超克しなければならない。世界の全体を知るためには、「部分として」の私という存在を滅失しなければならないのである。弘法大師空海は、そのこと（私という自己を超克すること）を「即身成仏」として捉えているのではないかと、私は推論したい。

2　私は、私であって、私ではない

即身成仏と私

私という存在は、「私は、私であって、私ではない」。まさに仏との融合であり、真の本当の自分との出会いである。くりかえすが、「私は、私であって、私ではない」。まさしく「即身成仏」であり、ありのままの自分を知ったとき、そのとき他者の死は、自分の死として捉えることが可能となる。

　釈尊のさとりを出発として、仏教は大きく展開してきたが、その内実は必ずしもすべての人々によって確認されたとはいえない。さとり世界の解放は、それ自らを自己の出発点とした大乗仏教運動によっておこなわれ、「一切衆生《いっさいしゅじょう》悉有《しつう》仏性《ぶっしょう》」（生きとし生けるものすべてに仏としての性質がある）の主張によって、成仏《じょうぶつ》の可能性をすべての人々に解放したのである。

弘法大師空海は、その成仏の可能性を確認したうえでもう一歩深めて、「本来成仏」している当体としての自己の確立を、「即身成仏」という言葉で示した。その偈《げ》（仏の徳をほめたたえる詩文）は、次の通りである。

六大無礙《ろくだいむげ》にして常に瑜伽《ゆが》なり
四種曼荼《ししゅまんだ》各々《おのおの》離れず
三密加持《さんみつかじ》すれば速疾《そくしつ》に顕《あら》わる
重　々帝網《じゅうじゅうたいもう》なるを即身《そくしん》と名づく

法然《ほうねん》に薩般若《さばにゃ》を具足《ぐそく》して
心数心王刹塵《しんじゅしんおうせつじん》に過ぎたり
各々五智無際智《ごちむさいち》を具す
円鏡力《えんきょうりき》のゆえに実覚智《じっかく》なり

つまり、成仏の当体である本尊大日如来が、私の中にそのまま存在し、それを瑜伽なる状態、不離なる状態、加持なる状態において確認したことである。すなわち、この身このままが仏であるということに他ならない。したがってこの身このままに仏になるということではない。

三種の自己

先述したように、「真の自己」とは「私は～である」といった言葉で捉えている自己ではない。それはあくまでも「偽我」であり、この偽りの自分を本当の自分と思って、人は自身の人生を歩いている。しかしながら、それが本当の自分ではないから、たいていの人は煩悩に惑わされてふらふらと生きていく。それは私も同じである。

偽りの自分は、死ぬと無になるのかもしれないが、本当の自分は死んで無になるわけではない。換言すれば、死んでも死なない自己、生まれても生まれない自己、そのような自己を発見することが、即身成仏への一歩であると信じる。

仏教学者の横山紘一は、自己について、次の三種を取り上げて論じている。

①偽りの自己

私たちが自分、自分と思っている、そういう自己である。本当の自分ではなくて偽りの自己である。そのような非本来的な自己に私たちは執着し、迷い、苦しんでいる。

②対象化された自己

真の自己を自分のものにしてくる。しかしこの真の自己も二つに分けられる。その一つが「対象化された真の自己」である。

③真の自己そのもの

真の自己になりきった、その「真の自己」そのものである。

この三種の自己に対応して、他者も三種の他者を提示する。すなわち、自己に対しての「他者」がある。一つは自然界であり、もう一つは他人という人間である。この場合も三種の自己に対応して三種の他者が分類されている。つまり、自己のあり方によって、他者というものが大きく変わってくるからである。

それでは本当の、真の自己とはどのような自己であろうか。それは私自身の自己にある「他なるもの」に頼らない私自身ではないだろうか。

しかし、自分自身をどんどんとつきつめていくと、「他なるもの」に頼らない自分などはないことに気がついてしまう。私の存在のほとんどは他なるものであり、それによって操られている存在でしかない。私の名前も、使用している言葉も、知識も何もかもすべてが、他者性でしかない。その意味では、私は自由ではない。つまり、他によって生かされているために、不自由な状態であるといってもよい。

今の私は、「偽りの自己」といってもよい。「偽りの自己」でない、「真の自己」とは、どのような自己であるのかを深く求めたいものである。「偽りの自己」とは、煩悩にまとわれ、知的な分別によって生きている自己である。いわゆる煩悩とは、仏教では人の心を煩《わずら》わし、悩ますものという意味で捉えられている。その原語は汚れを意味している。

本来清浄《ほんらいしょうじょう》

仏教では、人の心は本来的には清らかで平静であると教えている。そうした清らかで平静な心を乱し悩ますものを、煩悩と呼んでいる。毎年、大晦日になると、全国のお寺では除夜の鐘をつき鳴らすが、それは108の煩悩を尽き下すことを表している。ただし108という数字は、仏教の論書の中で数えられた数であり、実際の煩悩は、数に限りはなく、無数の煩悩がある。そうした無尽の煩悩も基本的には、「貪《とん》・瞋《じん》・痴《ち》」の三つに収斂《しゅうれん》される。仏教ではそれらを「三毒」と呼んでいる。

「貪」とは、むさぼりのことである。自分が欲しいものをむさぼり奪って、あくことのない欲のことをいう。「瞋」とは、怒りである。自分の心にさからうものに対して怒りを起こすことを指している。「痴」とは、愚かなことである。ものごとの道理に疎《うと》いことを指している。

これら三つは、仏道に向おうとする善心を妨げ、絶滅することから、三毒の煩悩と呼ばれている。

私たち人間の日常生活では、このような状態は日常茶飯事である。たとえば、何でも欲しがって、あれも欲しい、これも欲しいと我欲にまみれたり、ちょっとしたことに腹を立てては大きな声で怒鳴ったり、ときには怒りのあまり人を殴ったり、殺したりする。また、よく考えもしないでついつい愚かな言動に走ったりする。そうした経験は誰にでもあるだろう。

十善戒

この三毒による人間行動は最近、ますますエスカレートしているきらいがある。すでに述べたが、若者だけでなく大人たちのなかにも三毒にまみれている人が大勢いる。真言宗智山派では、朝の勤行《ごんぎょう》の折に「十善戒」を唱える。「十善戒」とは、私たちが悪いことに染まらず善い行いを心かけるための実践である。それは次の通りである。

①不《ふ》殺生《せっしょう》……むやみに生きものを傷つけない、殺さない。
②不偸盗《ふちゅうとう》……人のものを盗まない。
③不《ふ》邪淫《じゃいん》……男女の道を乱さない。

④不妄語《ふもうご》……嘘をつかない。
⑤不倚語《ふきご》……無意味なお喋りはしない。
⑥不悪口《ふあっく》……乱暴な言葉は使わない。悪口を言わない。
⑦不両舌《ふりょうぜつ》……スジの通らないことは言わない。二枚舌は使わない。
⑧不慳貪《ふけんどん》……欲深いことはしない。
⑨不瞋恚《ふしんに》……むやみに怒らない。耐え忍ぶこと。
⑩不邪見《ふじゃけん》……間違った見方や考えをしない。

自身の胸に手を当ててみると、私もそうだが、たいていの人はいくつかあてはまると思う。毎朝、このことを確認して日常行動に臨みたいものである。

ところで、知的分別に支配されている「偽りの自己」とは、どのような自己であろうか。それはすべての事物・事象を概念で判断して捉える自己の働きである。しかしながら、私たちはこの概念による判断なくしては、世界を捉えることができない。いわば言葉のくびきの支配を受けて生活をしているのである。したがって、この言葉のくびきから離れることはきわめて難しい。

しかしながら、この概念による判断は、すべて人間の感覚器官が創り出し、言葉で加工したものである。その根本的な分別とは、「有」「無」という対概念ですべてを把握することである。それが大きなまちがいであると、お釈迦さまは指摘する。

具体的には、すべては「空《くう》」であるとお釈迦さまは説いた。つまり、有でもなく無でもないという。私たち凡夫は、「有」と「無」という分別に揺り動かされて、真実を知らないで騒がしい毎日を送っているのだということになる。したがって、その騒がしい日々を送っている自分自身こそが、「偽りの自己」である。「有」と「無」という分別ではなくして、世界は「空」であるという自覚を持ったとき、私たちは、欲望のるつぼと言葉のくびきから解き放たれて自由になる。すなわち、「生」と「死」という分別からも解放されることになる。こうして私たちは、自身の内なる世界に展開する曼荼羅《まんだら》の仏さまと対話をすることが可能となる。

こうした仏さまとの対話は、自身の内から外へと広がっていく。それはまさに真言宗で言うところの「自利利他《じりりた》」の世界として発展していくことになる。

3　自利利他の世界

自利と利他

最近、『利他学』という本を読んだ。著者は人間行動進化学者の小田亮である。「人はなぜ赤の他人を助けるのか？」という素朴な疑問を、人間行動の進化をとおして論じている。

利他行動とは、「自分が何らかの損をして、相手が得をする行動のこと」をいう。それは、人間だけでなくすべての動物において、不思議なものであるという。進化論でいうところの自然淘汰では、他の個体に比べて少しでも得をする、つまり遺伝子を次世代に伝えられるような特徴が残っていく、それが自然淘汰の原理である。それに対して利他行動とは、自分が損をして相手を助ける、つまり、自分の適応度を下げて相手の適応度を上げる行動である。

血縁個体に対する有力な説明としては、自分の適応度を下げても、相手が血縁であれば、自分と同じ遺伝子を高い確率で共有するので、相手の適応度の上昇を通じて自分の遺伝子が淘汰されないで残っていく。しかし、赤の他人に対する利他行動はそうではない。その説明としては、進化生物学者のロバート・トリヴァース（Trivers, R.L.）の「互恵的利他行動」理論が有効とされている。

すなわち、血縁関係のない相手を助けても、遺伝子は共有されていないので適応度は上がらない。しかし、あとで相手から同じだけ返してもらえば、差し引きゼロになり、どちらも損をしないうえに、お互い困っているときに助かるので、両方とも得をすることになる。このような場合には、非血縁個体に対する利他行動も進化するというのが、「互恵的利他行動」の理論である。それは「お互いさま」の精神に他ならない。

しかしながら、「互恵的利他行動」の理論では、何らかのお返しがなければ「互恵的利他行動」は成立しない。東日本大震災のとき、帰宅難民の人たちに無償でバナナを配っていた人がいたが、彼らはお返しを期待してなどいない。伊達直人（タイガーマスク）の名で児童養護施設にランドセルや文房具を送った人もお返しを望んでいない。いずれにしても、お返しが確実でなければ「互恵的利他行動」は成立しないのに、なぜ、人は、このようなことをするのであろうか。

それは「情けは人の為ならず」ということわざが教えている。すなわち、他者を助けることは、その人のためではなくして、回りまわって自分のためになるという意味である。

人間社会では、助けた相手から直接にではなく、別の人から間接的にお返しがなされることがある。これを「間接互恵性」と呼ぶ。たしかに、誰かにした利他行動は、相手から直接的なお返しがなくても、それを見ていた第三者から、「あの人は親切な人だ」という評判がたてば、そのあとのやり取りで利他的に振舞ってもらえるだろう。そうなれば、利他行動は十分に報われる。

「自利」というと、ときどき「利己」と誤解されるようである。しかし「自利」は、「利己」とはまったく違う。仏教でいう「自利」は、まずは自分自身をきちんと確立することをいう。それができると回りまわって他人のためになるのである。すなわちこれを「利他」という。

この「自利」「利他」の組み合わせが仏教の一つの特徴であるが、「自利」が回りまわって他人のためになるというのはお釈迦さまの時代の考えであり、きわめて重要である。お釈迦さまの仏教は、まずは自己救済である。端的には、自分の救済者は自分自身であるということに他ならない。仏教の慈悲は、単純な「人助けの慈悲」ではない。

たしかに、仏教説話には、お釈迦さまが前世において摩訶薩埵《まかさった》王子であったとき、山林の中で7匹の子を連れて餓えている虎に会い、王子はその虎の親子を哀れみ、崖から身を投じて我が身を虎の親子に食べさせたという話がある。これは我が身を布施《ふせ》するという捨身《しゃしん》の行為として伝えられている。これは最大の慈悲心を強調したにすぎない。

仏教では、他人、他者に対する愛を「慈悲」という。「慈」とは、他人に楽を与えることを指している。「悲」とは、他者の苦しみを抜いてあげることを指している。まさに「抜苦与楽《ばっくよらく》」の世界である。他者を慈しみ悲しむ心は、楽を与えて苦を抜いてあげるのである。

利他から自利へ

お釈迦さまの時代から大乗仏教になると、「自利＋利他の慈悲」ではなく、あくまでも「利他＋自利の慈悲」になる。すなわち私たちは、あくまでも修行者

（菩薩）であり、修行の一つとして「利他」を優先する。その「利他行」が回りまわって「自利」となって熟する。まさに「間接互恵性」そのものである。

捨身の説話については、弘法大師空海もそのことに触れているが、具体的には、『三昧耶戒序《さんまやかい》』の中で、「善人の用心は他《た》を先《せん》とし、己《おのれ》を後《ご》とす。また三世《さんぜ》を達観するに、みなこれ我が四恩なり」と、述べている。この「他を先とし、己を後とす」という言葉は、弘法大師空海の著作のいろいろなところに出現する。

実際、現に苦しんでいなくても、他者の苦しみを自身の苦として受けとめることができる。その気持ちになったときには、その苦悩する他者を救済したいという気持ちが自然と湧いてくるはずである。なぜ、人は人を愛し、仏教者は一切《いっさい》衆生《しゅじょう》（すべての生きとし生けるもの）を救いたいという気持ちになるのであろうか。それは簡単である。他人の苦を自身の苦として受けとめるからであり、自己の苦を他人の苦として受けとめるからである。

震災支援とボランティア

東日本大震災の被災者を救済しようと全国各地から、いや全世界から、それこそ地球規模で支援の手が差し伸べられている。その支援は今も続いている。私の友人の一人は、何かにとりつかれたように震災直後の危険な時期から南三陸の被災者の支援をおこなっている。彼の決断と行動は、大勢の人々の心に共鳴して、今もその活動は継続している。

私は、そうした彼らの尊い活動に対して、熱湯と冷水を浴びせることが自身の役割と自覚して、「何のために」「誰のために」という質問を、今でも浴びせ続けている。メンバーの中に、私の言葉に窮して、返事ができない人もいる。彼らのほとんどが被災者の救済という名目で関わっているが、その実態は、自己の救済がほとんどといってよい。誰のためでもない。自分自身が救われたいのである。その自覚がないボランティア行為は、きわめて危険である。

被災者には、ボランティアの人がわざわざ時間をさいて遠くから来てくれたことへの、感謝の気持ちがある。また何らかの形でもてなす気持ちが強く、正直な心情を表出することができない。とりわけ東北人は義理堅く信心深い人が多い。人間的にも温和な人たちが多く、その地域文化は東北人気質として古くから語り継がれている。

こうした心理行動は、障害者や障害児の心理状態にも見られるものであり、「嘆きの要請」と言われている。つまり、支援者の要請に被災者が無意識的に応じてしまうのである。そうした危険を避けるためには、支援者の基本的な姿勢が問われることになる。

4 自利利他の基本姿勢

東日本大震災の記憶

2011年3月11日、その日、私は東京の品川駅の近くで講演の仕事を終えて、受講生数名と遅い昼食を摂っていた。中学2年生の折、新潟大地震（1964年）を体験した私は、巨大な揺れに恐怖を感じ、無意識にビルの窓ガラスに向っていた。受講生の何人かはビルの入口に殺到していた。私は思わず大声で「出るな！」と、叫んでいた。ビルの外には大勢の人が飛び出していた。ビルの窓ガラスが壊れていたら全員が大ケガないしは死亡してもおかしくない状況であった。

道路脇には、トラックが止まっていて、運転手がトラックの荷台につかまっているが、まるで水面に浮かぶ木の葉のように揺れていた。歩道に目をやると、ビル側と歩道側の大地が左右30センチメートル以上もスライドしている。まさに巨大地震のエネルギーを見てしまった。それから空には雷鳴が響いていた。巨大地震の特徴である、いわゆる地震雷である。地震雷は初めての体験であった。

私と受講生は、イスにつかまり揺れが収まるのを待つしか術がなかった。しかし地震は、第2波、第3波と襲ってくる。その波が足元に伝わってくるため足がすくんで立ち上がることさえできない。そのとき私は、新潟大地震よりも大きいことを実感した。やがてビルの上階にいた人たちがゾロゾロと私たちがいる1階フロアに降りてきた。もちろん階段からである。その人たちの顔は恐怖で青ざめている。彼らは新人研修の大学生たちであった。女子大生が大きな揺れのたびに悲鳴を上げるので、それがさらなる恐怖となって1階フロアはパニック状態に陥っていった。ともかく情報がないことに困惑した。

私は情報を求めてフロアを歩きまわったが、何も入手できない状態であった。やがてビルの受付嬢がインターネットから、東北が震源であるという情報を教えてくれた。それ以外はまったく情報がない。もちろん携帯電話も使用不能（かろうじてメールは使用できた）である。幸いなことに食事をとっていたビルは新築まもない耐震構造のビルであり、避難している全員にケガはなかった。

その後、新幹線ホームにいた受講生から、品川駅が閉鎖して締め出された、というメールが入り、彼らも私たちがいる耐震構造のビルに避難してきた。ビルの1階には、私たちのグループだけでも10数人が避難している状態である。しばらくすると受講生の家族からメールが入り、新幹線が動きだしたとの情報があった。数名が品川駅に向かったが、誤報であった。揺れが収まったビルの外は、会社ごとに避難する人々であふれている。しばらくしてから品川駅近くのホテルがロビーを開放してくれることになり、地方から参加していた受講生はそちらへ避難することになった。

帰宅難民となって

帰宅難民になった私は、品川駅から虎ノ門まで歩くことを決めた。虎ノ門には、私が所属する真言宗智山派の東京別院があり、そこまでたどり着ければ、何とかなるだろうと思っていた。国道1号線は、人また人で大渋滞である。群集と化した人がこれほど怖いと思ったことはない。コンビニエンスストアの対応は店長によって違っていた。トイレを自由に使わせて、飲み物はすべて100円でよいという店もあれば、シヤッターを下ろして外から中が見えないようにする店もあった。途中の民家からは、バナナを差し入れる親切な人もいた。ともあれ、皆、無言で歩いている。大勢の人が、勤務先の会社から支給されたヘルメットをかぶりペットボトルを持って歩いている。人の波はあたかもアリの行列のようであった。

新橋駅近くになると、帰宅難民の波は道路にまではみ出し、車は一歩も動けない状態であった。やがて東京タワーが見えたときはホッとしたが、タワー先端のアンテナが曲がっているのには驚いた。何とか虎ノ門の東京別院にたどり着くと、そこには帰宅できない職員が大勢待機していた。カバンを斜め掛けにして疲労困憊《こんぱい》の私を見た職員が、「先生、どうしたのですか?」と玄関先へ飛び出してきたとき、また大きな余震があった。

別院のテレビで大津波の映像を初めて見た。さまざまな情報を初めてそこで知り、品川で体験したとおりの巨大地震の実態を知った。1時間後、別院のアシスト自転車を借りて自宅に戻ることにした。途中のお茶ノ水駅と駒込駅では電車が何両も止まっていて、山手線の緑の電車は、あたかも芋虫のようで不気味な感じであった。道路はどこもかしこも人の波で、自転車はスムーズに走ることができない。普段であれば40分くらいのはずなのだが、その日は2時間以上もかかった。自宅に到着したときは夜の10時半を回っていた。

こんな怖い体験をしたのは、新潟大地震以来であるが、被災地の人々の恐怖は、私の恐怖とは桁違いだったろう。その恐怖感は、一種のトラウマになって死ぬまで脳裏に残るだろう。なぜなら、私の50年前の地震体験は、今でも記憶されているからである。

新潟大地震の記憶

1962年（昭和37年）6月16日午後1時3分、新潟大地震が発生した。ちょうど中学校の中間試験の最終日であり、午前中で試験が終わったので、私は自宅で大地震を体験した。最初、テレビの画面がゆがんで見えなくなり、ゴォーという地鳴りと同時に家の柱と柱がきしむ音（ミッシ、ミッシ）があり、立っていられない状態であった。私と母はあわてて外に飛び出した。父は「心配ないから」

と、家の中で平然とご飯を食べていた。外に出た私は、さらなる恐怖を経験する。地震波が次々と足元の石畳に伝わってくる。そしてその波が杉並木をザワザワと音を立てて揺らしていく。それも何度もであった。池の水がまるで洗面器の水を揺らすように1メートル以上も波立っている。ときどき波間に錦鯉が見え隠れする。突然、池の水が消えたかと思うとまた水が湧いてくる。

兄は高校生で、昼休み中であった。教室の机とイスがまるで波のように前後に押し出されて恐怖を抱いたという。小学生の妹は、給食係として食器を運んでいる途中であった。木造校舎の廊下はくねくねと曲がって、突然、壁が崩れてきたという。自転車通学の同級生は、走ることができないまま電信柱につかまったら、その電柱が傾いてきてへたり込んでしまったという。あれから50年経った今でも、柱と柱が擦れる音は、はっきりと脳裏に残っている。

生き残ったという自責の念

東日本大震災によって、尊い多くの人命が失われた。また、今もって行方のわからない人が大勢いる。家族を失った人の中には、「自分だけが生き残ってしまった」と、今も自身の非力と無力を責め続け、無念に打ち震える人がいる。その思いは筆舌につくしがたいが、何の因果かその人たちは生き残ってしまったのである。

いつの時代にあっても、同じような体験を、「なぜ」と、くり返し、自問し続けている人がいる。その人は、自分だけが偶然にも生き残ってしまった人たちである。

私の知り合いの中にも、第二次世界大戦の空襲によって、家族中で一人だけ生き残った人がいる。その人は、たまたま仕事で東京を離れていたために助かった。その後、彼は東京を捨て、他所で生きる選択をする。家族を失った東京での生活はあまりにも残酷な仕打ちだったはずである。それでもその人は、生き残った。たとえ、それが残酷な仕打ちであったとしても、まぎれもない事実であり現実である。

生かされたことを引き受ける

問題はそのことを、いかに引き受けるかである。

その人は、結果的には「生きた」ことになる。言葉をかえれば、「生かされてしまった」のである。誰しも、そんな理不尽な事態を引き受けたくなどないし、どのように考えても認められないだろう。しかしながら、実際は生きている。

こうした現実を引き受けざるを得なかった人にとっては、「生かされてしまった」という言葉は、残酷きわまりない言葉である。そんな馬鹿な、屁理屈だと、反発する人もいる。しかしである。引き受けざるを得ない現実は、けっして偶然のことではない。その人の必然として選ばれた。同じ時間に、同じ場所にいたとしても、一人が貴い命を失い、もう一人が生き残った場合、その生き残った人は、何らかの意味があって生かされたことになる。もちろん、不幸にして命を落とされた方も同じである。

その人が味わった理不尽な事態は、その時代の人間が引き受けなければならない必然の一つとして後世の人々に伝えなければならない。そのことは、生き残った者の責務である。分析心理学のユング（Jung, C.G.）は、こうした事態を「共時性」という概念で論じている。

どんなに辛くても切なくても生きて、生きて、生き貫いてほしい。そのことが必ず救いになる。そうでないと、亡くなった人たちは大いなる命の意味を失ってしまう。その人は、大いなる命の源に自身の命を返したのである。したがって、二度と生まれることはない。仏さまとして、今も、そしてこれからも、私たちの中に現存するはずである。そのように考えないと、かくいう私自身の救いがない。

やなせたかしのメッセージ

この一文をしたためているとき、子どもたちに大人気のアニメ『アンパンマン』シリーズを描いた漫画家やなせたかしの訃報が飛び込んできた。94歳の生涯であった。彼も戦争で大きな心の傷を負った一人である。『アンパンマン』という作品には、彼の戦争体験が色濃く反映されている。

そして、この作品のテーマソング『アンパンマンマーチ』は、やなせ自身の作詞であり、歌詞には、やなせたかしのメッセージ（戦死した弟さんへの思い）がこめられている。この歌は、阪神淡路大震災と東日本大震災で傷ついた多くの子どもと大人の心を癒している。この歌によって勇気づけられ、希望を抱いて生きようとしている人が今も大勢いるのだ。

「そうだ！／嬉しいんだ／生きる喜び／たとえ胸の傷が痛んでも」という歌詞の出だしは意味深い。「何のために生まれて／何をして生きるのか／答えられないなんて／そんなのは嫌だ！／今を生きることで／熱いこころ燃える／だから君は行くんだ／微笑んで」というフレーズは、思春期の子どものアイデンティティ確立の問題に通じている。「今を生きることで／熱いこころ燃える」には、仏教の「一期一会」をイメージさせられる。さらに、「時は早く過ぎる／光る星は消える／だから君は行くんだ／微笑んで」というフレーズには、同じく仏教の「諸行無常」を感じる。

東日本大震災で傷ついた人々も、この歌詞の持つ意味を魂で感じて涙を流し、そして癒された（生きようとする勇気を持った）に違いない。この歌は、大勢の人にぜひとも聴いてほしい。命のはかなさと、命の尊さと、命のしたたかさを、感じるはずである。

救われがたき私という存在

私は母の胎内に仏縁によって生をうけ、今日まで空気と水によって生かされてきた。そして、数え切れないほどの無数の尊い命を犠牲にして生きている。正しくは無数の命に生かされてきた。したがって、さまざまな命の犠牲の中に、私という個体の生が維持されている。この事実は「生かされている」という言葉以外に説明できない。

腕白《わんぱく》だった私は、幼い頃から、蜻蛉《トンボ》や蛙《カエル》などの命を多く奪った。とりわけ、標本をつくるために無数の蝶《チョウ》を殺した。ところがある日、その行為ができなくなって、蝶の捕獲をいっさいやめた。その後は、蝶の生息地と蝶の食草の保護をしてきた。蝶の捕獲をやめた理由は、私の心の中に、「殺してはならない」という気持ちが強くなったからである。私は、自分が蝶の「生殺与奪《せいさつよだつ》」の力を持っていることに耐えられなかった。今でも、そのときの感覚は鮮明に残っている。そのことは、私に命を奪われた生き物にしてみれば、絶対に許しがたい行為である。

人間という生き物は、すばらしい一面を持っているが、他方ではどうしようもない救いがたい一面も併せ持っている。東日本大震災のボランティアとして、余震の続く被災地に入り献身的な支援活動をする人たちの行為は、きわめて尊い振る舞いとして賞賛されている。しかしながら一方で、福島第一原子力発電所のメルトダウンで避難を余儀なくされている被災者の留守宅に空き巣に入り金品を盗むことや、ボランティアを名乗り若い被害女性に近づき乱暴するという卑劣きわまりない行為をする人間もいる。

私たち仏教者は、このすばらしい崇高な精神を持つ人間と卑劣きわまりない人間のいずれをも救わなくてはならない。とりわけ救いがたきどうしようもない人間と対峙してこそ、仏教者として大きな意義がある。その前に、仏教者自身が、自身のどうしようもない部分を自覚し、内省しなければならない。その自覚と内省なしに被災者に関わることはきわめて危険である。関われば事が済む、という訳ではない。

他者を支援すること

自利利他の構造についてはすでに述べたとおりである。人が人を支援する行為は、本来的には、それ自体がきわめておこがましく不遜な振る舞いである。支援に関わるときには、まずはそのことを大前提としないといけない。そのうえで、次の三つの事柄が問われる。

第一に、洞察力である。それは「見立て」といってもかまわない。「見通し」でもよい。他者に関与することは、何らかの影響を他者に与える。その影響は大まかには、二つある。一つは、良い影響である。もう一つは悪い影響である。生身の人間に関わる行為は、たとえボランティア活動であっても、このことに該当する。ボランティアだから、アルバイトだからといった言い逃れはできない。人が人に関与するということは、私という人間が、他者に対していかなる変数になりうるかを厳しく吟味しないと、きわめて危険な行為になる。常にその能力が問われる。したがって、「見立て」と「見通し」を、しっかりと洞察しなければならない。自分が関与するよりも、違う人が関与した方がベストであると判断した場合は、当然のことながら関わらないことである。

第二に、責任性である。人に関わることには責任が発生する。その覚悟が事前に必要になる。無責任な関わりは厳に慎まなければならない。したがって、援助内容は、必然的に自身が責任を取れる範囲となる。

第三に、倫理性である。人としての、社会人としての倫理を持って関わらなければならない。そのためには、自身の日常性が常に問われる。ただ関わればそれで事足りるわけではない。関わる相手の人権はもちろんのこと、自分自身の能力や特性を十分自覚することが必要である。

もちろん、知りえた情報には守秘義務がある。軽々しく文章化したりしてはならない。他者に開示する場合は、相手の了解はもちろんのこと、そのことで何が問題として明らかになるかを熟知しておく必要がある。

関与と観察

私が尊敬しているアメリカの精神科医のサリバン（Sullivan, H.S.）は、生身の人間に関わることについて、「関与しながらの観察」であると、述べている。この言葉はきわめて矛盾している。なぜなら、一方では主体的に関わりながら、他方では客観的に観察するという行為を同時進行的に述べているからである。ベクトルの方向は、逆になっている。言い方を替えると、生身の人間が、生身の人間を客観的に観察することに何の意味があるというのか、むしろ客観的に観察などできないのだ、という批判がそこに示されている。

生身の人間に関わるときには、常にこの矛盾がはらまれている。たとえば、先進国の大都会の真ん中に住んでいる人が、パプアニューギニアのダニ族の生活を研究することに何の意味があるのか、と……。

自閉症研究に一生を捧げたアメリカのカナー（Kanner, L.）のもとに留学した日本人の著名な研究者が、ある日カナーに、「先生、自閉症の本質は何でしょうか」と、質問したところ、カナーは、何も言わずにケース記録の保管ロッカーから、すべてのケース記録を机の上に置いて、「君、これがすべてだ」と、応えたという。生身の、しかも弱者に関わるということは、それほどまでに厳しく、そして一生を捧げてもたどり着けないもどかしさを、カナーは教えたことになる。日本人の研究者は、その姿勢に絶句したという。

他を先として

大震災の傷が癒えるには、それ相当の時間が必要である。とりわけ愛する人を、突然に失った人の悲しみは、そう簡単に癒えるものではない。何度も何度もフラッシュバックに襲われるだろう。そうした人々に対して、私たちに何ができるのか、それはたいへん難しい問題である。一つのヒントとして、すでにふれているが、弘法大師空海の「他《た》を先《せん》として、己《おのれ》を後《ご》とす」という言葉がある。

他を先というのは「利他」のことである。すなわち、「自利」「利他」のことであるが、まずは「利他」をすることで、そのことがまわりまわって「自利」となるという意味に他ならない。私たちはあくまでも菩薩であり、菩薩行としての「利他」を続けることが求められる。そうすることで、自身の中の仏性が広がり、自身の仏さまが現成《げんじょう》（おのずとして生じる）してくる。弘法大師空海の「即身成仏」とは、まさにそのことを示している。

あとがき

4年前、わが国は千年に一度あるかどうかといわれる大地震と大津波を体験し、大勢の人が亡くなった。忘れてならないことは、いまだに大勢の行方不明者がいることである。そして、地域の復興と生活基盤すら確立されていない現実が今も横たわっている。近代に勃興した科学的な考え方と技術をもってしても、かつての姿を取り戻す端緒さえ見えないことに、私を含めた日本人の多くは科学技術に対する失望感を払拭できないままである。いわば科学とは、この程度のものであったのか、と……、科学に対する疑問すら湧いてくる始末である。それにしても人間存在は、大自然の前では何と脆弱《ぜいじゃく》なものであることか。

たしかに、誰もが一度は死ななければならない。その理《ことわり》は知識としてはわかっているが、河北新報社が自然災害の傷跡を永久の記録として編集した「震災写真集」を見るたびに、戦慄が全身に走り、私の心は大きく動揺してしまう。自然とは、じつに偉大であるが、同時に残酷でもある。とりわけ、福島第一原子力発電所のメルトダウンによって、全国に離散し帰還できないでいる人々のことを思うと、今こうして安穏と暮らしている自分自身の在り方を問わざるを得ない。しかしながら、あまりにも私自身は非力であり、何をどのようにしたらよいのかわからないまま、この4年間を無為に過ごしてきた。

東日本大震災後の4月末から南三陸町で足湯のボランティア活動をしている「高野山足湯隊」のメンバーのほとんどが、私の「傾聴」および「共感」の講義と演習を受講した人たちである。私は、その足湯隊のメンバーから、南三陸町への足湯ボランティアに何度となく誘われているが、参加できないでいる。そしてこれからも参加しない。その理由は簡単である。被災者に気をつかわせることが心苦しいからである。そのことは阪神淡路大震災の苦い経験に基づいている。

阪神淡路大震災の直後、当時関わっていた大学と福祉専門学校の学生たちと神戸に入る計画を立てたが、現地の「社会福祉協議会」からボランティアとして入る人数を制限されたのである。人数制限の理由は、被災者のライフライン（住居・トイレ・ガス・食料・水など）をボランティアが奪ってしまうというものであった。私たちの行動は、被災者側の立場からの行動ではなくして、関わる側の一方的な思い込みでしかなかった。いわば、現地に行かないという選択肢もボランティアであることに、被災者からの指摘があってこのとき初めて気づかされたのである。

また「高野山足湯隊」が関わっている南三陸町は震災前から過疎の町であった。若者が都市部に流出し、高齢者が住民のほとんどであったところに「東日本大震災」が襲ったのである。過疎の町を地震と大津波がさらに破壊したのである。しかも被災地域の過疎化は南三陸町だけではない。東日本大震災が東北地方の過疎化（限界集落）を加速化させてしまったことはまちがいない。少なくとも、バラマキ型の復興支援は、被災者の自立を遅らせてしまう。その中心は行政がおこなう復興支援である。したがって、その歩みは遅々として進まない。被災者が自立するためには、衣・食・住の確保はもちろんのこと、職を獲得して働くことも必要である。

実際、私にできることは何か、そのことをずっと考え続けてきた。その自分自身への問いに対する答えは、死を忌避したり、否定したり、美化したりすることではなく、死を、よりよく生きる一つの道標として真摯《しんし》に受け入れること、であると確信した。

本書は「はじめに」に記したとおり、拙著『生と死の心理学』の続きであり、東日本大震災に罹災し、大勢の人が大切な家族を失い、そして家族が離散してしまっている現実の中で賢明に生きようとする人々へのエールのつもりで書いた。『「生・死《しょうじ》」の刹那《せつな》を生きる』という書名にも、その思いはこめられている。それが、今、私に（心理臨床の現場で生きてきた一人の仏教僧として）できる唯一精一杯の支援である。

幸いのことに一昨年4月より、はからずも真言宗智山派の重要な教育機関である「智山専修学院」副院長の重責を担うことになり、洛東「智積院」の閑静な地（春は鶯・夏は蝉しぐれ・秋は虫の音と紅葉・冬は月影と雪景色）と貴重な時間（東京の自坊のように玄関のチャイムや電話の応対などの雑事に左右されることがない）を確保することができたこともあって、これまで温めていた内容を集中的にまとめることができた。このことは有意義かつ真にありがたいことと深く感謝している。この場を借りて「総本山智積院」と「智山専修学院」に重ねて感謝するしだいである。

それに加えてときどき時間を割いて貴重なアドバイスをいただいた智山専修学院院長の福田亮成先生と、本書の刊行を賜った阿吽社の代表である小笠原正仁氏、また本づくり（編集・組版・校正・デザイン）に携わってくれた大槻武志・小山光・清水肇の各氏、そして素晴らしい写真と「生・死」の書をカバーや扉などに使わせていただいた荒木経惟氏に、この場をお借りして心より御礼を申し上げたい。

2015年2月

大塚秀高

参考文献

第1章
中村雄二郎『臨床の知とは何か』岩波新書　１９９２年
中村雄二郎『哲学の現在』岩波新書　１９７７年
中村雄二郎『新編 日本文化における悪と罪 正念場』中村雄二郎著作集第二期 Ⅵ 岩波書店 ２０００年
長谷川寿一・長谷川眞理子『進化と人間行動』東京大学出版会　２０００年
養老孟司『バカの壁』新潮新書　２００３年
福田亮成『空海コレクション』３・４　ちくま学芸文庫　２０１３年
柳澤桂子『生きて死ぬ智慧』小学館　２００４年
ポール・マクリーン『三つの脳の進化』法橋登訳　工作舎　１９９４年
岩田好宏『人間らしさの起源と歴史』ベレ出版　２００８年

第2章
笠原　嘉『不安の病理』岩波新書　１９８１年
木村　敏『異常の構造』講談社現代新書　１９７３年
丸山圭三郎『言葉・狂気・エロス』講談社現代新書　１９９０年
リースマン『何のための豊かさ』みすず書房　１９６８年
鈴木孝夫『ことばと文化』岩波新書　１９７３年
中村桂子『科学者が人間であること』岩波新書　２０１３年

第3章
加藤邦彦『老化探究』読売新聞社　１９８７年
鎌田東二『翁童論』新曜社　１９８８年

中村雄二郎　『死と生のレッスン』青土社　1999年
清水　博　『生命を捉えなおす』中公新書　1990年
フィリップス・アリエス『死を前にした人間』みすず書房　1990年
ハワード・ガードナー『MI：個性を生かす多重知能の理論』松村暢隆訳　新曜社　2001年

第4章
竹内芳郎　『意味への渇き』筑摩書房 1998年
木村　敏　『異常の構造』講談社現代新書　1973年
木村　敏　『生命のかたち／かたちの生命』青土社　1995年
木村　敏　『自覚の精神病理』紀伊国屋書店　1978年
藤田博史　『精神病の構造』青土社　1990年
岩田慶治　『カミと神』講談社　1984年
竹内敏晴　『ことばが劈かれるとき』思想の科学社　1975年

第5章
山折哲雄　『臨死の思想』人文書院　1991年

第6章
福田亮成　『現代語訳 即身成仏義 改訂版』ノンブル社　2014年
勝又俊教　『弘法大師全集』第一巻　山喜房佛書林　1994年
横山紘一　『十牛図・自己発見の旅』春秋社　1991年
小田　亮　『利他学』新潮選書　2011年

著者略歴

大塚 秀高（おおつか しゅうこう）

1950（昭和25）年、新潟県に生まれる。

真言宗智山派東京北部教区（寺籍22番）本智院住職。

大正大学カウンセリング研究所研究科修了。

同研究所助手、大正大学文学部非常勤講師、近畿大学豊岡短期大学非常勤講師、高野山大学非常勤講師、智山伝法院副院長、星槎大学准教授、智山教化センター専門員を経て、2013年より智山専修学院副院長。

［主な著書］
『社会福祉援助技術の探究』（共著）、不昧堂出版、1991年。
『精神保健の基礎と実際』（共著）、文化書房博文社、2010年。
『生と死の心理学』（単著）、阿吽社、2011年。

〔カバー写真・書〕 荒木経惟
〔装 丁〕 清水 肇（プリグラフィックス）

「生《しょう》・死《じ》」の刹那《せつな》を生きる
仏教〈心理臨床〉講話

2015年3月31日 初版第1刷発行

著 者──大塚秀高
発行者──小笠原正仁
発行所──株式会社 阿吽社
〒602-0017 京都市上京区衣棚通上御霊前下ル上木ノ下町73-9
TEL 075-414-8951 FAX 075-414-8952
URL : aunsha.co.jp
E-mail : info@aunsha.co.jp

印刷・製本──モリモト印刷株式会社

ISBN978-4-907244-22-4 C0011
定価はカバーに表示してあります